utb 5599

Eine Arbeitsgemeinschaft der Verlage

Böhlau Verlag · Wien · Köln · Weimar
Verlag Barbara Budrich · Opladen · Toronto
facultas · Wien
Wilhelm Fink · Paderborn
Narr Francke Attempto Verlag / expert verlag · Tübingen
Haupt Verlag · Bern
Verlag Julius Klinkhardt · Bad Heilbrunn
Mohr Siebeck · Tübingen
Ernst Reinhardt Verlag · München
Ferdinand Schöningh · Paderborn
transcript Verlag · Bielefeld
Eugen Ulmer Verlag · Stuttgart
UVK Verlag · München
Vandenhoeck & Ruprecht · Göttingen
Waxmann · Münster · New York
wbv Publikation · Bielefeld
Wochenschau Verlag · Frankfurt am Main

Kompetent lehren
Herausgegeben von Sabine Brendel

Band XI

Anja Wipper
Alexandra Schulz
Digitale Lehre an der Hochschule

Anja Wipper
Alexandra Schulz

Digitale Lehre an der Hochschule

Vom Einsatz digitaler Tools bis zum Blended-Learning-Konzept

Verlag Barbara Budrich
Opladen & Toronto 2021

Die Autorinnen:

Dr. Anja Wipper, Dozentin und Beraterin, Zentraleinrichtung Wissenschaftliche Weiterbildung und Kooperation (ZEWK), Online-Lehre-Team, Technische Universität Berlin
Dr. Alexandra Schulz, Dozentin und Beraterin, Zentraleinrichtung Wissenschaftliche Weiterbildung und Kooperation (ZEWK), Online-Lehre-Team, Technische Universität Berlin

Bibliografische Information der Deutschen Nationalbibliothek
Die Deutsche Nationalbibliothek verzeichnet diese Publikation in der Deutschen Nationalbibliografie; detaillierte bibliografische Daten sind im Internet über http://dnb.d-nb.de abrufbar.

Gedruckt auf säurefreiem und alterungsbeständigem Papier.

www.budrich.de

utb-Bandnr. 5599
utb-ISBN 978-3-8252-5599-2

Umschlaggestaltung: Atelier Reichert, Stuttgart
Titelbildnachweis: Janina Göbel
Satz: Susanne Albrecht, Leverkusen
Druck: Pustet GmbH & Co KG, Regensburg
Printed in Germany

Inhalt

Abbildungen

Tabellen

Vorwort

Braucht es das überhaupt noch, einen weiteren Band zur digitalen Lehre – jetzt nachdem alle Lehrenden an Hochschulen ebenso wie Studierende in jüngster Zeit so Vieles zur Gestaltung von digitaler Lehre gelernt, ausprobiert, modifiziert, verworfen oder verfeinert haben?! Und natürlich ist meine Antwort ein eindeutiges „Ja, das braucht es noch oder sogar: jetzt erst recht!"

Der nun vorliegende Band war schon sehr lange geplant, er bekam aber im letzten Jahr eine hohe Dringlichkeit und so bin ich froh, mit den beiden Autorinnen – Anja Wipper und Alexandra Schulz – zwei erfahrene, methodisch versierte ebenso wie theoretisch fundierte Autorinnen dafür gewonnen zu haben. Damit wird die Reihe *Kompetent lehren* weiter bereichert, denn digitale Lehre (oder „Online-Lehre", wie sie hier synonym bezeichnet wird) ist – und sie war es auch vor der Pandemie – ein zentrales Thema guter Lehre. Denn auch gerade digitale Lehre kann Studierende beim nachhaltigen Lernen unterstützen: durch anregende, kreativ gestaltete und didaktisch überlegte Lehr-Lern-Arrangements, die Studierende zur aktiven Aneignung und Zusammenarbeit fördern.

Was das vorliegende Werk besonders macht, ist die nachvollziehbare Transparenz der verschiedenen Ebenen: Von theoretischen Modellen zum Lehren und Lernen geht es zu daraus abgeleiteten Implikationen für die Gestaltung von Onlinephasen. Auf dieser Basis werden zwei klassische Lehr-Lern-Szenarien in digitalen Settings („Präsenzveranstaltungen online anreichern" sowie „Blended-Learning-Konzepte umsetzen") ausführlich erörtert und es wird eine kleine Auswahl adäquater didaktischer Methoden und möglicher, dazu passender digitaler Instrumente präsentiert. Aber Achtung: Damit soll nicht festgeschrieben werden, welche Methode für welche Aufgabe und welches digitale Instrument dafür zu verwenden sind, denn didaktische Methoden wie digitale Instrumente können je nach Ziel und Lehrsituation immer auch für anderes verwendet werden; genau dafür braucht es einen übergeordneten Rahmen - und Ihre Kreativität. Natürlich werden sich digitalen Tools und Möglichkeiten rasch verändern, aber die Lektüre dieses Buch kann durch die eingeführte Systematik dabei helfen, die neuen Tools leichter einzuordnen und anzuwenden; darüber hinaus kann Ihnen durch die exemplarische Vorstellung der Tools im Buch auch klarer werden, wie sich analoge Methoden mehrwertbringend in digitale überführen lassen.

Das Buch ist also weder eine reine Methodensammlung noch eine Übersicht über mögliche digitale Instrumente, sondern es bietet mit seinem logischen Aufbau einen orientierenden Rahmen zur Einordnung der Reflexionen zu der eigenen Lehrstrategie und zum konkreten Lehrhandeln an. Dieser kann dabei helfen, sich weder im Gestrüpp der Vielzahl von Begrifflichkeiten, Ideen zu verschiedenen Lernszenarien, Methoden und Tools noch in den „unendlichen Welten der digitalen Möglichkeiten" (wie die Autorinnen in ihrem Schlusswort schreiben) zu verlieren.

So wünsche ich Ihnen neben klärenden Momenten auch vielzählige Anregungen zur weiteren kreativen Ausgestaltung Ihrer Lehre.

Dr. Sabine Brendel
Berlin, im Dezember 2020

1 Einführung

David Bowie war nicht nur ein großartiger Künstler, er besaß auch eine erstaunliche Weitsicht. Bereits 1999 sagt er in einem Interview mit Jeremy Paxman das Potential des Internets voraus, die Gesellschaft umfassend zu verändern. Doch der Moderator ist skeptisch. Das sei doch nichts weiter als noch ein Tool, einfach ein anderes System für die Informationsübermittlung, hakt Paxman nach (BBC Newsnight, 1999). Mit dieser Einschätzung steht er nicht allein da: In Deutschland nutzen zu dieser Zeit gerade einmal knapp 18 % der bundesdeutschen Bevölkerung ab 14 Jahren das Internet überhaupt. Die meisten von ihnen verwenden es lediglich zur Informationsbeschaffung, zum Download von Dateien und dem Versenden von E-Mails (ARD/ZDF-Arbeitsgruppe Multimedia, 1999). Und tatsächlich bietet das Netz, damals gerade den Kinderschuhen entwachsen, nicht viel mehr als statische Webauftritte und die Möglichkeit, sich per E-Mail oder in Newsgruppen auszutauschen.

Doch Bowie ist sich sicher: „[…] the actual context and the state of content is going to be so different to anything that we can really envisage at the moment. […] it's going to crush our ideas of what mediums are all about." (BBC Newsnight, 1999). Und er sollte Recht behalten: Bereits 2001 geht mit der Wikipedia das erste kollaborative Online-Lexikon an den Start, ein paar Jahre später folgen Facebook, Youtube, Twitter & Co. – Social Media wird zum neuen Schlagwort. Zunehmend höhere Bandbreiten und vor allem der Durchbruch auf dem Smartphone- und Tabletmarkt seit Ende der Nullerjahre befördern zusätzlich die Entwicklung. So verändern sich binnen weniger Jahre unsere Gewohnheiten und unser Leben.

Inzwischen durchdringen digitale Medien nahezu alle Bereiche unseres Alltags. In der Lehre wurden deren Potentiale jedoch bis vor kurzem kaum ausgeschöpft. Zwar war für viele Hochschulehrende die digitale Bereitstellung von Materialien kein Neuland mehr. Von den zahlreichen weiteren Möglichkeiten digitaler Medien im Bildungsbereich machten jedoch nur wenige Gebrauch. Dabei können digitale Tools die Hochschullehre gleich in zweifacher Hinsicht bereichern: Zum einen bieten sie die Möglichkeit, die Studierenden in ihrer Lebenswelt und ihrer Vertrautheit im Umgang mit neuen Technologien abzuholen. Zum anderen kann ein didaktisch gut abgestimmter Einsatz digitaler Medien den Lehr- und Lernprozess auf vielfältige Art und Weise unterstützen. Er kann die aktive Auseinandersetzung mit den Lerninhalten anregen und so die Aneignung neuen Wissens erleichtern.

Seit dem Beginn der Vorarbeiten für dieses Buch veränderte sich durch die COVID-19-Pandemie schlagartig und unerwartet in großem Ausmaß unsere Art, zu kommunizieren, zu lernen, zu arbeiten und zu leben. Das Jahr 2020 hat einiges auf den Kopf und viele von uns vor große Herausforderungen gestellt. Damals im Jahr 1999 konnten sich nur wenige vorstellen, wie die digitale Welt unser Leben verändern würde. 20 Jahre später war ungleich schwerer vorherzusehen, dass sich in kürzester Zeit ein weiterer Umbruch vollzieht. Und auch der Umgang mit digitalen Medien im Studien- und Berufsalltag und damit ebenso im Bereich der Hochschuldidaktik erlangte eine neue Selbstverständlichkeit.

Auf die plötzliche Umstellung auf eine reine Onlinelehre in einem Digitalsemester, wie es im Frühjahr 2020 stattfand, waren wahrscheinlich die wenigsten Lehrenden vorbereitet. Innerhalb kürzester Zeit mussten Konzepte mit der heißen Nadel gestrickt und umgesetzt werden. Das gilt sicher auch für Sie, geschätzte Leserin, geschätzter Leser: Sie mussten sich vielleicht mit den verschiedenen Funktionen der Lernplattform Ihrer Hochschule erst einmal vertraut machen und sich mit den vielen Möglichkeiten und Widrigkeiten von Webmeetings auseinandersetzen. Und ganz sicherlich haben Sie dann trotzdem Ihre Lehre gut gemeistert, mit allen Höhen und Tiefen, und dabei eine Menge gelernt. Wenn die Hochschulen nun wieder schrittweise zur Präsenzlehre zurückkehren, möchten Sie aber möglicherweise nicht alles genauso machen wie zuvor. Einiges hat sich bewährt, das Sie zukünftig gern beibehalten wollen.

Sie nehmen nun vielleicht dieses Buch zur Hand, um sich einen systematischen Überblick zu verschaffen oder um einige Grundlagen nachzulesen. Oder Sie möchten noch mehr Möglichkeiten kennenlernen, wie Sie Ihre Lehre durch digitale Medien unterstützen können. Vielleicht sind Sie aber auch ganz neu in die Hochschullehre „hineingerutscht“ und wollen von Anfang an Ihre Lehre unter Einbeziehung digitaler Möglichkeiten gestalten. Mit diesem Buch möchten wir Ihnen neben den Grundlagen des didaktischen und motivationalen Designs die vielfältigen Möglichkeiten aufzeigen, digitale Medien in Ihre Lehre zu integrieren. Einige Aspekte werden wir nur kurz anreißen, an anderen Stellen mehr in die Tiefe gehen. Und wir hoffen, Ihnen mit zahlreichen Beispielen und Praxisbezügen viele Anregungen für Ihre eigene Lehre an die Hand geben zu können.

Das Buch gliedert sich in insgesamt fünf Hauptkapitel. Im Anschluss an unsere Einleitung möchten wir Ihnen in Kapitel 2 (Didaktisches und motivationales Design) drei grundsätzliche Konzepte für die Integration digitaler Medien in Lehr-Lern-Arrangements vorstellen. Die ersten beiden werden wir in den Kapiteln 4 und 5 ausführlicher in ihrer Umsetzung erläutern. Zuerst aber wollen wir Sie, ebenfalls in Kapitel 2, mit den Grundlagen des didaktischen und motivationalen Designs vertraut machen, die aus unserer Sicht für die Gestaltung von Lehr-Lern-Arrangements unabdingbar sind.

In Kapitel 3 (Onlinephasen gestalten) haben wir insbesondere für die Umsetzung von Lehrveranstaltungsszenarien, die auch Onlinephasen beinhalten, die wichtigsten Implikationen für deren Ausgestaltung zusammengefasst. Dabei werden wir auf die drei Hauptaspekte *Lerninhalte bereitstellen, Aufgaben gestalten* sowie *Kommunikation ermöglichen* näher eingehen und Ihnen dabei Tipps für ein gelingendes Onlinedesign geben.

In Kapitel 4 (Präsenzveranstaltungen anreichern - digitale Helferlein in Vorlesung und Seminar) finden Sie Ideen dazu, wie Sie in Ihrer Lehrveranstaltung vor Ort digitale Medien didaktisch zielführend einsetzen können. Dazu stellen wir Ihnen exemplarisch einige Lehrmethoden vor und zeigen Ihnen, wie Sie diese mit Hilfe digitaler Tools umsetzen können.

In Kapitel 5 (Blended-Learning-Szenarien umsetzen) schließlich werden wir die wichtigsten Erkenntnisse aus den vorhergehenden Kapiteln zusammenfassen. Außerdem zeigen wir Ihnen anhand verschiedener Szenarien, wie Sie Online- und Präsenzphasen sinnvoll zu einem schlüssigen Lehrkonzept miteinander verknüpfen können. Dabei werden wir auf verschiedene Ansätze der Umsetzung eingehen und uns zudem noch einmal näher damit beschäftigen, wie in diesen Lernsettings Präsenzveranstaltungen methodisch ausgestaltet werden können.

Sie finden in diesem Buch zahlreiche Grafiken, Tabellen und Infoboxen, die Ihnen einen schnellen Überblick über die jeweiligen Inhalte geben sollen. An dieser Stelle möchten wir uns ganz herzlich bei unserer Kollegin Janina Göbel für die liebevolle und kreative Gestaltung dieser grafischen Elemente bedanken. Nun aber wünschen wir Ihnen viel Spaß beim Lesen und Stöbern in diesem Band. Wir hoffen, Sie finden viele Anregungen und haben an der einen oder anderen Stelle vielleicht auch ein Aha-Erlebnis. Außerdem wünschen wir Ihnen viele neue Erkenntnisse, die Ihnen bei der Gestaltung Ihrer Lehre hilfreich sind und den Lernprozess Ihrer Studierenden bestmöglich unterstützen.

2 Didaktisches und motivationales Design

Für die Entwicklung eines erfolgreichen Lehrkonzeptes ist es unabdingbar, einige grundlegende Regeln des didaktischen und motivationalen Designs zu kennen. Außerdem sollten wichtige Gestaltungsprinzipien für das Lernsetting berücksichtigt werden. Speziell für Blended-Learning-Szenarien betrifft dies zum einen die Kombination und Gewichtung der verschiedenen didaktischen Elemente im Gesamtarrangement. Zudem muss auch die konkrete Ausgestaltung der Online- und Präsenzphasen und deren sorgfältige Abstimmung aufeinander im Veranstaltungsverlauf sorgfältig geplant werden.

Bevor wir näher auf die wesentlichen Aspekte des didaktischen und motivationalen Designs eingehen, möchten wir Ihnen daher zunächst drei Konzepte vorstellen, die eine mögliche Einbindung digitaler Medien in der Lehre beschreiben und auf die wir im Weiteren jeweils Bezug nehmen werden. Anschließend folgt zuerst eine kurze Darstellung der Grundlagen des didaktischen Designs allgemein sowie im Kontext von Blended Learning im Besonderen. Danach werden wir verschiedene Ansätze des motivationalen Designs näher beleuchten. Hieraus ergeben sich wichtige Konsequenzen für die Gestaltung von Lernumgebungen, insbesondere auch bei der Integration von Onlinephasen.

2.1 Szenarien für den Einsatz digitaler Medien in der Lehre

Betrachtet man die Möglichkeiten, digitale Medien in Lehrszenarien zu integrieren, sind grundsätzlich drei Ansätze in der Konzeption von Lehr-Lern-Arrangements vorstellbar. Diese können auch teilweise miteinander kombiniert werden: das *Anreicherungskonzept*, das *integrative Konzept* und das *virtuelle Konzept*.

Diese auf einem Vorschlag von Schulmeister (2001) basierende Unterscheidung findet sich erstmals bei Bachmann et al. (2002) in den so genannten Basler E-Learning-Szenarien. Seitdem hat sie sich in der Literatur als Modell für die Betrachtung onlineunterstützer Lernarrangements etabliert (vgl. Bremer, 2004; Wannemacher et al., 2016). Sie bietet eine gute Basis für die Betrachtung von Lehrszenarien und deren Ausgestaltung bei der Integration digitaler Medien in die Hochschullehre, weshalb wir im vorliegenden Buch dieser Struktur folgen.

Das Anreicherungskonzept

Das Anreicherungskonzept konzentriert sich auf die Gestaltung von Präsenzveranstaltungen. Hierbei steht die direkte Integration von digitalen Medien in Lehrveranstaltungen im herkömmlichen Präsenzformat im Vordergrund. So können beispielsweise Videos, Animationen oder auch Simulationen unterstützend zur Visualisierung von Lerninhalten genutzt werden, um das Verständnis zu erleichtern. Auch der Einsatz von Abstimmungssystemen, durch die ein Feedback der Studierenden eingeholt werden kann, ist hier denkbar, Dadurch kann beispielsweise der Lernstand überprüft, auf Wünsche des Auditoriums hinsichtlich der Vertiefung bestimmter Lerninhalte eingegangen oder auch die Veranstaltung evaluiert werden. In kleineren Veranstaltungen wie Seminaren können überdies unterschiedliche digitale Tools zur Unterstützung verschiedener kreativer Gruppenarbeitsprozesse wie beispielsweise Brainstorming oder Mindmapping eingesetzt werden.

Darüber hinaus umfasst das Anreicherungskonzept auch die Begleitung von Präsenzveranstaltungen durch die Bereitstellung verschiedener Lern- und Übungsmaterialien. Das können neben Vorlesungsskripten, Präsentationsdateien und weiterführenden Link- und Literaturlisten beispielsweise auch interaktive Übungen oder Selbsttests sein. In der Regel werden diese Materialien über eine Lernplattform verfügbar gemacht. Diese kann darüber hinaus für organisatorische Aufgaben wie die Bekanntgabe von Terminen, die Verteilung von Referatsthemen oder Praktikumsterminen oder auch die Abgabe und Bewertung von Hausaufgaben genutzt werden. Auf die vielfältigen Möglichkeiten, mit entsprechenden Methoden und geeigneten digitalen Tools Präsenzveranstaltungen anzureichern, gehen wir in Kapitel 4 (Präsenzveranstaltungen anreichern – digitale Helferlein in Vorlesung und Seminar) ausführlich ein.

Das integrative Konzept (Blended Learning)

Beim Anreicherungskonzept werden mögliche Online-Angebote parallel zur eigentlichen Präsenzveranstaltung als oftmals mehr oder weniger optionales Angebot konzipiert. Beim integrativen Konzept hingegen steht die sinnvolle Verzahnung von Präsenzterminen und Onlinephasen im Vordergrund. Dieses Konzept wird auch als *Blended Learning* bezeichnet, da es hierbei, ähnlich wie beim „Blending" in der Herstellung von Kaffee, Tabak oder Whiskey, um einen guten „Verschnitt", also eine ausgewogene Mischung der „Zutaten" geht. Um ein stimmiges Gesamtkonzept eines solchen Arrangements zu erreichen, müssen die Übergänge zwischen Präsenz und Online sorgfältig geplant werden. Insbesondere ist darauf zu achten, die Onlinephasen sinnvoll zu strukturieren. Erst so kann ein „roter Faden" durch das Lernangebot entstehen, und beide Elemente können didaktisch sinnvoll integriert werden. Die Onlinephasen sind in diesem Konzept nicht mehr optionaler, sondern gleichwertiger Bestandteil des Lernangebots.

Hinweise zur Konzeption von Onlinephasen finden Sie insbesondere in Kapitel 3 (Onlinephasen gestalten). Auf die verschiedenen Varianten von Blended-Learning-Szenarien und deren Ausgestaltungsmöglichkeiten kommen wir dann im Kapitel 5 (Blended-Learning-Szenarien umsetzen) zurück. Auch wenn das integrative Konzept auf die Verzahnung von Online- und Präsenzanteilen fokussiert, lassen sich auch hier digitale Medien, wie im Anreicherungskonzept dargestellt, in die Präsenzveranstaltungen einbinden.

Das virtuelle Konzept

Virtuelle Konzepte schließlich konzentrieren sich auf die Umsetzung rein online-basierter Lernangebote. Sinnvoll ist dies vor allem bei einer geografisch weit verteilten Zielgruppe und sehr speziellen Themenbereichen. In den letzten Jahren haben hierbei die so genannten MOOCs (Massive Open Online Courses) hohe

Popularität erlangt. Hierzu trugen maßgeblich die Initiativen großer amerikanischer Universitäten wie der Stanford University und der Harvard University bei, die die Plattformen *Udacity*, *Coursera* und *edX* ins Leben gerufen haben. Inzwischen finden sich auf ihnen zahlreiche Onlinekurse zu einer Vielzahl von Themen. Sie bestehen in der Regel aus Videos und begleitenden Online-Quizzen sowie teilweise aus weiteren Elementen wie Diskussionsforen zum Austausch zwischen den Studierenden. Eine persönliche tutorielle Betreuung sowie eine aktive Unterstützung der Vernetzung der Lernenden untereinander fehlt jedoch immer noch in vielen Fällen. Dies wird allgemein als größtes Manko dieses Kursformats kritisiert und als Grund für die überwiegend hohen Drop-Out-Quoten angesehen.

Gerade reine Onlinekurse ohne die Möglichkeit zu persönlichen Vor-Ort-Treffen erfordern eine intensive Konzentration auf die Schaffung sozialer Verbundenheit, um einen kontinuierlichen Lernprozess zu gewährleisten. Dazu kann neben einer engen Betreuung und regelmäßigen Webmeetings besonders auch die Anregung der Kommunikation und Zusammenarbeit zwischen den Studierenden beitragen. Mit diesen und weiteren Aspekten der Begleitung von Onlinephasen befassen wir uns speziell in Kapitel 3 (Onlinephasen gestalten).

Auch wenn vermutlich die Konzeption reiner Online-Szenarien für einige von Ihnen durch die Herausforderungen in den Digitalsemestern 2020/21 viel Raum eingenommen hat, werden wir in diesem Band nicht vertiefend auf die Konzeption solcher reinen Online-Arrangements eingehen. Lehre an Präsenzhochschulen wird auch in naher Zukunft überwiegend auf Konzepten aufbauen, bei denen es um eine sinnvolle Mischung von Präsenzveranstaltungen und Onlinephasen geht. Nichtsdestotrotz können die in diesem Buch dargestellten Szenarien, die auf dem Anreicherungs- und Integrationskonzept basieren, auch in reine Onlineformate überführt werden (vgl. dazu Kap. 4 und 5). Hierbei ist jedoch besonderes Augenmerk auf die Ausgestaltung von Onlinetreffen zu richten. Diese können nicht in der gleichen Art und Weise und im selben Umfang wie die Präsenzveranstaltungen, die sie ersetzen müssen, durchgeführt werden.

2.2 Didaktisches Design von Lehr-Lern-Arrangements

Als allgemeine Herangehensweise für das didaktische Design von Lehr-Lern-Arrangements schlägt Reinmann (2013, 2015) eine didaktische Grundfigur vor, die drei Gestaltungsebenen beinhaltet: die *Vermittlung*, die *Aktivierung* und die *Betreuung* (Abbildung 1).

Die Vermittlungskomponente umfasst dabei den Einsatz und die Gestaltung des Lernmaterials. Reinmann bezeichnet diesen Teil als die materiale Seite des didaktischen Szenarios. Hier sind also Entscheidungen darüber zu treffen, in welchen Formaten die Lerninhalte dargeboten werden, ob als Text oder Bild, als Video, Podcast oder auch als Animation oder interaktive Simulation. Weiterhin ist zu überlegen, wie die verschiedenen Formate miteinander kombiniert und in welchem Umfang sie bereitgestellt werden sollen.

Mit der prozessualen Seite beschäftigt sich die Aktivierungskomponente, bei der es um die Gestaltung von Aufgaben für das Lehr-Lern-Arrangement geht. Dadurch sollen die Lernenden zu einer aktiven Auseinandersetzung mit den Lerninhalten angeregt werden. Bei der Aufgabengestaltung muss also berücksichtigt werden, inwieweit und mit welchem Fokus die Studierenden während des Lernprozesses direkt angeleitet oder auch indirekt aktiviert werden sollen. Die Spannbreite möglicher Aufgaben reicht von solchen zur Wissenseinübung über Aufgaben zur Anwendung und zum Transfer von Wissen bis hin zu Arbeiten, bei denen neues Wissen selbständig konstruiert wird.

Die Betreuungskomponente beschreibt schließlich die soziale Seite des didaktischen Szenarios. Dabei werden Art und Umfang der tutoriellen Betreuung und Begleitung der Lernenden festgelegt, beispielsweise bei der Gestaltung von Feedback und dem Angebot von Konsultationsmöglichkeiten. Außerdem fällt hierunter die Schaffung sozialer Räume und Angebote für den Austausch zwischen den Lernenden. Dies kann z.B. über die Anregung von Lerntandems, die Unterstützung von Lerngemeinschaften oder die Bereitstellung von Lernräumen geschehen. Auch hier ist zu bestimmen, wie viel Raum die betreuende Komponente einnehmen soll.

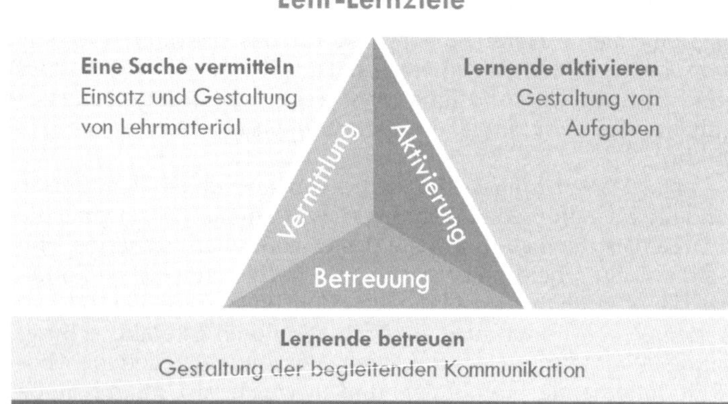

Abbildung 1: Didaktische Grundfigur nach Reinmann (2013)

Ein ganz ähnliches Rahmenmodell, jedoch speziell bezogen auf die Gewichtung der didaktischen Gestaltungsebenen in Blended-Learning-Arrangements, haben Kerres und de Witt (2003; Kerres, 2005) mit ihrem *3C Model of Didactical Components* vorgelegt. Sie unterteilen dabei ein Lernangebot in eine *Inhalts-*, eine *Kommunikations-* und eine *Konstruktionskomponente* (Abbildung 2). Die Inhaltskomponente (*Content*) entspricht dabei der Vermittlungsseite bei Reinmann, die Kommunikationskomponente (*Communication*) dem Gestaltungsaspekt, den Reinmann als Betreuung beschreibt, und die Konstruktionskomponente (*Construction*) im Wesentlichen der Aktivierungsseite. Ebenfalls als rein deskriptives Modell angelegt, soll hiermit ein Rahmen geschaffen werden, um Art und Umfang der einzelnen Komponenten zu verdeutlichen und damit weitere konzeptionelle und didaktische Überlegungen zu unterstützen.

Zur Zusammenführung beider Modelle und für eine einheitliche Bezeichnung dieser drei didaktischen Gestaltungsaspekte werden wir für die weiteren Ausführungen folgende Begrifflichkeiten für die didaktischen Gestaltungskomponenten verwenden:

- Lerninhalte bereitstellen (Vermittlung/Content)
- Aufgaben gestalten (Aktivierung/Construction)
- Kommunikation ermöglichen (Betreuung/Communication)

Mit seinem speziellen Fokus auf die Ausgestaltung von Blended-Learning-Szenarien geht es im Ansatz von Kerres und de Witt (2003) zusätzlich um das Verhältnis der Online- und Präsenzanteile. Außerdem soll es bei der Entscheidung helfen, welche didaktischen Komponenten in welchem Umfang in ihnen aufgehen sollen. Konkret bedeutet das, dass nicht nur festgelegt werden muss, welcher Umfang welcher didaktischen Komponente eingeräumt werden soll, sondern ebenso, mit welcher Gewichtung diese jeweils online und in Präsenz realisiert wird.

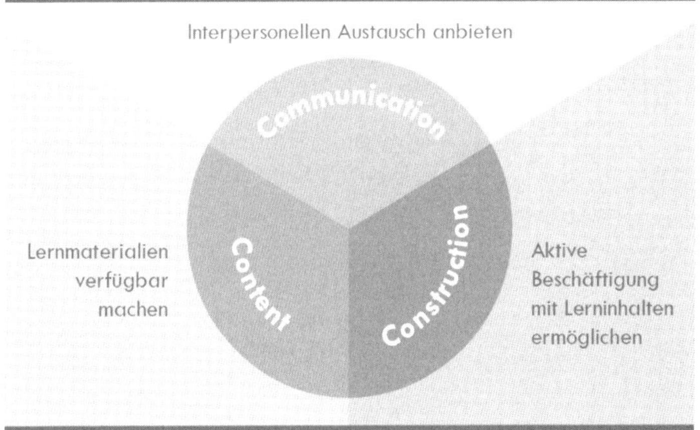

Abbildung 2: 3C Model of Didactical Components nach Kerres und de Witt (2003)

Als Ausgangspunkt für die Frage, welches Gewicht den einzelnen didaktischen Gestaltungskomponenten im Lehr-Lernprozess beigemessen wird und wie diese ausgestaltet werden, dienen in erster Linie die angestrebten Lehrziele. Dabei ist es sinnvoll, sich eines der zahlreichen Klassifikationsschemata für Lehrziele, die so genannten Lernzieltaxonomien, zu Hilfe zu nehmen. Mit diesen können Sie sich die Lehrziele noch einmal bewusst machen und auf dieser Basis Entscheidungen für die Gestaltung des jeweiligen Lehr-Lern-Szenarios ableiten.

Eine der ersten und wohl bekanntesten Lernzieltaxonomien, die inzwischen zahlreiche Revisionen und Ergänzungen durch andere Autoren erfahren hat, veröffentlichten Bloom et al. bereits 1956. Anderson und Krathwohl (2001) modifizieren und erweitern die ursprünglich eindimensionale, rein auf kognitive Ziele orientierte Taxonomie um eine Dimension verschiedener Wissenstypen (Fakten-, Konzept, Prozess- und metakognitives Wissen). Euler und Hahn (2004) fassen die kognitiven Prozesse als Handlungsdimension des Erkennens zusammen und ergänzen sie schließlich um die Dimensionen des Wertens und Könnens. Diese kombinieren sie mit den drei Kompetenzbereichen Sachkompetenz, Sozialkompetenz und Selbstkompetenz zu einer ebenfalls zweidimensionalen Matrix, die eine solide Ausgangsbasis für die Bestimmung der eigenen Lehrziele bieten kann (Tabelle 1).

	Handlungsdimensionen		
Kompetenz-bereiche	**Erkennen** Wissen	**Können** Fertigkeiten	**Werten** Einstellungen
Sachkompetenz	erinnern verstehen	fertigen, verrichten	sich begeistern, sich interessieren
Sozialkompetenz	anwenden analysieren	interpretieren, Feedback geben	respektieren, tolerieren
Selbstkompetenz	bewerten erschaffen	Strategien einsetzen	zulassen, sich einlassen

Tabelle 1: Lernzieltaxonomie nach Euler und Hahn (2004)

In unterschiedlichen Lernsettings können die drei didaktischen Gestaltungskomponenten *Lerninhalte bereitstellen, Aufgaben gestalten* und *Kommunikation ermöglichen* verschieden stark gewichtet sein: Nach Kerres und de Witt (2003) ist in Blended-Learning-Arrangements die Bereitstellung von Lerninhalten dann besonders wichtig, wenn es um das Erlernen von Fakten- oder Regelwissen geht oder wenn Informationen bereitgestellt werden, die Voraussetzung für weitere kommunikative, kollaborative oder konstruktive Lernaktivitäten sind. Ist das anzueignende Wissen komplexer und ein tieferes Verständnis der Lerninhalte notwendig oder sollen konkurrierende Konzepte betrachtet werden, spielt die Ermöglichung von Kommunikation bei der Gestaltung des Lernarrangements eine größere Rolle. Auch in Lernsettings, in denen es vorrangig um die Formulierung und Diskussion persönlicher Standpunkte geht, kommt dieser Komponente eine stärkere Bedeutung zu.

Die Gestaltung von Aufgaben ist hingegen dann besonders wichtig, wenn Wissen, insbesondere prozedurales, angewandt werden soll oder der Erwerb von Fertigkeiten im Vordergrund steht. Sobald Kompetenzen erworben werden sollen, die über die reine Aneignung von Faktenwissen hinausgehen, kann die Formulierung entsprechender Aufgaben sowohl deren Einübung als auch ihre Anwendung auf neue Kontexte angemessen unterstützen. Auch bei „unscharfem" Wissen und Lerninhalten, die einem weniger klaren Konsens unterliegen, sollte dieser didaktischen Komponente eine größere Bedeutung beigemessen werden. Bei komplexeren Fragestellungen und einem Erkenntnisgewinn, der ständigen Veränderungsprozessen unterliegt, können Aufgaben hilfreich sein, die eine tiefergehende Reflexion und Auseinandersetzung mit den Wissensinhalten ermöglichen.

Die Kombination aller drei didaktischen Gestaltungsaspekte und ihre passgenaue Gewichtung ist jedoch für alle Arten von Lernszenarien bedeutsam. Die konkrete Ausgestaltung hängt hierbei vor allem von den postulierten Lehrzielen, den Lerninhalten sowie der Zielgruppe und den Rahmenbedingungen der Lernumgebung ab. Eine Gewichtung bzw. der Fokus auf eine dieser Komponenten, die von den Lernenden als nicht nachvollziehbar wahrgenommen wird, kann zu mangelnder Akzeptanz und damit zu einer abnehmenden Motivation bei den Lernenden führen.

Bei der Ausgestaltung von Blended-Learning-Arrangements sollte zudem sorgfältig abgewogen werden, wann Online- oder Präsenzanteile jeweils geeigneter sind, die gewünschten Lernprozesse bestmöglich zu unterstützen. Kerres und de Witt (2003) ziehen hierzu die von Dennis und Valacich 1999 postulierte *Theory of Media Synchronicity* heran. Nach dieser finden bei der Informationsverarbeitung in Gruppen zwei fundamentale Kommunikationsprozesse statt: der Prozess der Informationsübermittlung (*Conveyance*) sowie der Prozess der Entwicklung eines gemeinsamen Verständnisses der bereitgestellten Informationen (*Convergence*).

Dabei kann der Prozess der reinen Informationsübermittlung und des Austauschs von Informationen divergent ablaufen.

Dies bedeutet, dass sich nicht alle Mitglieder einer Lerngemeinschaft gleichzeitig auf dieselben Lerninhalte konzentrieren müssen. Asynchrone Settings, die typisch für Onlinephasen sind, eignen sich hierfür besonders gut. Die Lernenden können sich dabei in ihrem eigenen Tempo mit den Lernmaterialien beschäftigen und zeitlich flexibel auf Informationen aus unterschiedlichen Kommunikationskanälen reagieren.

Der Prozess des gemeinsamen Verstehens und der Annäherung bei der Wissenskonstruktion läuft hingegen konvergent ab. Denn hier geht es darum, dass sich die Lernenden über die Bedeutung der Informationen verständigen. Für diesen Prozess sind synchrone Settings besser als asynchrone geeignet, weil sie ein schnelles Feedback untereinander ermöglichen und sich auf einen Kommunikationskanal beschränken. Neben Präsenztreffen können solche synchronen Settings beispielsweise auch über Webmeetings, Videokonferenzen oder Online-Chats realisiert werden.

Insbesondere bei der Etablierung von Lerngruppen spielt die Synchronizität der Kommunikationsprozesse eine große Rolle. Für die Gestaltung von Blended-Learning-Szenarien ist also darauf zu achten, dass gerade zu Beginn der Lehrveranstaltung genügend Raum für das Kennenlernen und das soziale Zusammenwachsen der Gruppe der Studierenden durch Präsenzveranstaltungen oder synchrone Online-Treffen geschaffen wird. Bestehen Gruppen länger und haben sich Kommunikationsregeln und Gruppennormen sowie ein soziales Gruppenklima bereits ausreichend etabliert, werden synchrone Settings auch für die konvergente Kommunikation weniger notwendig.

2.3 Motivationales Design von Lernsettings

Neben einem gut abgestimmten Mix der Online- und Präsenzanteile sollte für ein funktionierendes Lehr-Lern-Arrangement besonderes Augenmerk auf seine motivationalen Gestaltungsfaktoren gerichtet werden. Denn insbesondere bei längeren Onlinephasen ist eine der größten Herausforderungen, die Studierenden über ein durchdachtes motivationales Design der Lernumgebung „bei der Stange" zu halten. Selbstgesteuertes Lernen ist in den allermeisten Fällen kein Selbstläufer, wie beispielsweise eine groß angelegte sechsjährige Studie des MIT zu den Drop-out-Raten in über 500 Onlinekursen auf der MOOC-Plattform *edX* zeigt (Reich & Ruipérez-Valiente, 2019): Von denjenigen Teilnehmenden, die zu Beginn den Vorsatz hatten, den jeweiligen Kurs zu beenden, brachen mehr als 80 % vorzeitig ab. Selbst wenn die Teilnehmenden eine Kursgebühr entrichtet hatten, lagen die Abbruchquoten immer noch bei über 50 %.

Motivationstheorien und Befunde aus entsprechenden Studien können hier Hinweise liefern, wie durch die Entwicklung und Realisierung eines ausgewogenen Motivationsdesigns solchen Tendenzen entgegengewirkt und der Lehr-Lernprozess sowohl für die Lehrenden als auch für die Studierenden zufriedenstellender und erfolgreicher gestaltet werden kann. Zunächst möchten wir Ihnen daher zwei prominente Theorien vorstellen (Deci & Ryan, 1985, 1993 sowie Keller, 1987, 2000), die empirisch gut belegt sind und damit einen sehr guten Rahmen für die motivationale Ausgestaltung von Online- und Blended-Learning-Arrangements bieten. In Kapitel 3 (Onlinephasen gestalten) werden wir Ihnen dann zeigen, welche Konsequenzen sich aus den dargestellten Theorien und Befunden für die Umsetzung von Onlinephasen ableiten lassen, und Ihnen einige Gestaltungshinweise an die Hand geben.

Die Selbstbestimmungstheorie von Deci und Ryan

Um die motivationalen Prozesse beim Lernen besser zu verstehen, ist es zunächst notwendig, einen genaueren Blick auf die dahinterliegenden Regulationsmechanismen zu werfen. Hierfür soll im Folgenden die Selbstbestimmungstheorie von Deci und Ryan (1985, 1993) herangezogen werden. Die Autoren postulieren, dass sich motivierte Handlungen nach dem Grad ihrer erlebten Selbstbestimmung unterscheiden lassen. Intrinsische Motivation zeichnet sich danach durch eine inhärente Neugier und ein von externen Faktoren unabhängiges Interesse aus. Dies führt zu einer spontanen Exploration und der Beschäftigung mit den (Lern-)Inhalten. Extrinsische Motivation hingegen wird durch äußere Reize bestimmt. Extrinsisch motiviertes Verhalten ist in diesem Sinne instrumentell, wird also in Erwartung bestimmter äußerer Konsequenzen ausgeführt.

Lange wurden intrinsische und extrinsische Motivation als Gegensatzpaar betrachtet. Man nahm außerdem an, dass eine primäre intrinsische Motivation grundsätzlich durch eine sekundär erzeugte extrinsische Motivation untergraben wird. Externe Anreize überlagern nach dieser Annahme den inhärenten Antrieb für ein bestimmtes Verhalten und schwächen diesen damit ab. Dadurch wird das Verhalten nach Wegfall der äußeren Verstärker seltener ausgeführt. Tatsächlich wurde dieser so genannte Korrumpierungseffekt in zahlreichen Studien insbesondere in den 1970er Jahren nachgewiesen (vgl. z.B. Deci, 1975).

Inzwischen konnte gezeigt werden, dass eine Unterminierung der intrinsischen Motivation nur unter ganz bestimmten Bedingungen auftritt. Dies ist insbesondere dann der Fall, wenn die externen Verstärker materieller Natur in Form von Geld oder Geschenken sind, wenn sie vorher angekündigt und unabhängig von der erbrachten Leistung vergeben werden (Cameron et al., 2001). Im Zuge der Kontroverse überarbeiteten Deci und Ryan bereits 1985 ihre Theorie. Sie unterscheiden nun vier Arten extrinsischer Verhaltensregulation, die sie entlang dem Grad der Selbstbestimmung abbilden (Abbildung 3). Danach können auch extrinsisch motivierte Verhaltensweisen durch Internalisierung externaler Werte und durch deren Integration in das Selbstkonzept selbstbestimmtes Handeln ermöglichen.

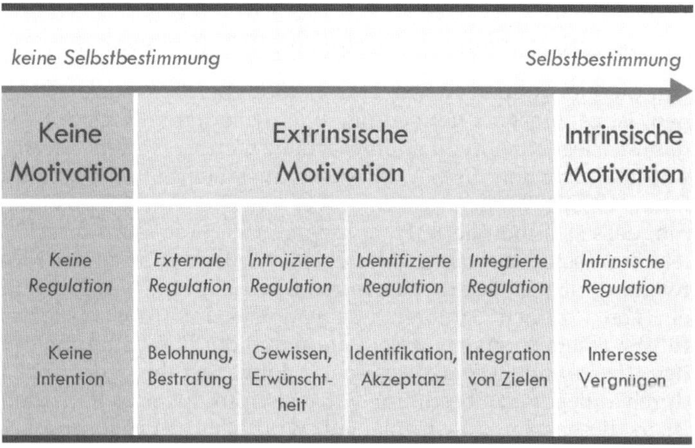

keine Selbstbestimmung → *Selbstbestimmung*

Keine Motivation	Extrinsische Motivation				Intrinsische Motivation
Keine Regulation	*Externale Regulation*	*Introjizierte Regulation*	*Identifizierte Regulation*	*Integrierte Regulation*	*Intrinsische Regulation*
Keine Intention	Belohnung, Bestrafung	Gewissen, Erwünschtheit	Identifikation, Akzeptanz	Integration von Zielen	Interesse Vergnügen

Abbildung 3: Das Selbstbestimmungs-Kontinuum nach Deci und Ryan (1985)

Extrinsische Motivation kann zunächst einmal nur durch rein externale Regulationsmechanismen wie das Streben nach Belohnung oder die Vermeidung von Bestrafung entstehen und aufrechterhalten werden. Typisch für Lernsituationen ist hier die Reaktion auf externe Bewertungsprozesse wie beispielsweise die Notengebung oder die Vergabe von Zertifikaten und Zeugnissen. External regulierte Handlungen sind also weitgehend von äußeren Faktoren abhängig. Ebenfalls extrinsisch motiviert ist Verhalten, das als Reaktion auf externe Ereignisse einem inneren Anstoß oder Druck folgt. Hier wirken so genannte introjizierte Regulationsmechanismen, beispielsweise um das eigene Gewissen zu beruhigen oder im Sinne sozialer Erwünschtheit zu reagieren. Solche Handlungen sind zwar internal kontrolliert, aber immer noch nicht in das Selbst integriert.

Wenn Verhaltensweisen auftreten, die selbst für wichtig oder persönlich bedeutsam erachtet werden, können identifizierte Regulationsmechanismen wirksam werden. Ursprünglich externale Ziele können so in das Selbstkonzept integriert werden. So kann also beispielsweise der Wunsch, ein Studienziel zu erreichen, um bessere Chancen auf dem Arbeitsmarkt zu haben, eine Akzeptanz aller dafür notwendigen Schritte und eine Identifikation mit den entsprechenden Zielen bewirken. Ein noch höherer Grad an Selbstbestimmung ist mit Verhaltensweisen verknüpft, bei denen eine Identifikation mit externen Zielen und Normen stattfindet. Durch integrierte Regulation werden diese in das Selbstkonzept integriert. Jemand, der sich selbst im Studium als leistungsbereit und ehrgeizig wahrnimmt, wird, um seinem Selbstbild und der damit verbundenen Rolle zu genügen, von außen vorgegebene Wertesysteme und Ziele auch eher in sein Selbst integrieren (Deci & Ryan, 1993).

Sowohl für extrinsische als auch für intrinsische Motivation nennt die Selbstbestimmungstheorie drei bedeutsame psychologische Grundbedürfnisse: *Kompetenz, Autonomie* und *soziale Eingebundenheit*. Bei dem Bedürfnis nach Kompetenz geht es um das Erleben von Selbstwirksamkeit, also dem Gefühl, erfolgreich handeln und entsprechende Ergebnisse erzielen zu können. Unter Autonomie wird das Streben nach Selbstbestimmung verstanden, also die Möglichkeit, autonom Entscheidungen über das eigene Handeln treffen zu können. Mit sozialer Eingebundenheit wird das Bedürfnis nach Zugehörigkeit zu einem sozialen Milieu und dem darin eigenen bedeutungsvollen Handeln beschrieben. Dabei haben Menschen nach Deci und Ryan (1993) grundsätzlich „die natürliche Tendenz, Regulationsmechanismen der sozialen Umwelt zu internalisieren, um sich mit anderen Personen verbunden zu fühlen“ (S. 227), in ihr wirksam zu handeln und sich als selbstbestimmt zu erleben. Bei extrinsisch motiviertem Verhalten und dessen Internalisierung und Integration spielen alle drei Grundbedürfnisse eine wichtige Rolle. Bei intrinsisch motivierten Verhaltensweisen ist es vor allem das Bedürfnis nach Kompetenz und Autonomie.

Zahlreiche empirische Befunde (vgl. Deci & Ryan, 1993, 2002) konnten zeigen, dass der soziale Kontext in Lernumgebungen sowohl die selbstbestimmte Motivation als auch das eigene Kompetenzerleben und somit den Lernerfolg beeinflusst. So untergraben als kontrollierend erlebte Maßnahmen wie materielle Belohnungen, kontrollierende Bewertungen und aufgezwungene Ziele die intrinsische Motivation der Lernenden. Andererseits können als autonomiefördernd erlebte Maßnahmen wie das Angebot von Wahlmöglichkeiten, die Förderung von Eigeninitiative und anerkennendes Feedback die intrinsische Motivation fördern und den Lernerfolg verbessern (Reeve & Jang, 2006; Schneider, Nebel et al., 2018). Positive, insbesondere informative und sachbezogene Rückmeldungen, die nicht als kontrollierend, sondern als autonomiefördernd erlebt werden, stärken zudem die Selbstwirksamkeitserwartung und fördern den Lernerfolg (vgl. z.B. Grolnick & Ryan, 1987).

Das ARCS-Modell von Keller

Für das konkrete Vorgehen bei der Ausgestaltung einer anregenden und motivierenden Lernumgebung bietet unseres Erachtens das ARCS *Model of Motivational Design* von Keller (1987, 2000) einen geeigneten Rahmen. Das Modell geht von vier motivationalen Dimensionen aus (Abbildung 4): Aufmerksamkeit (*Attention*), Relevanz (*Relevance*), Erfolgszuversicht (*Confidence*) und Zufriedenheit (*Satisfaction*). Zu diesen vier Aspekten schlägt Keller konkrete Strategien für eine mögliche Umsetzung zur Gestaltung von Lehr-Lern-Arrangements vor, um dadurch die Motivation der Lernenden zu unterstützen. Wir möchten im Folgenden die einzelnen motivationalen Komponenten kurz vorstellen und auf die von Keller auf dieser Basis entwickelten konkreten Strategien für eine mögliche Umsetzung näher eingehen.

Bedingungen für Motivation			
Aufmerk-samkeit	**Relevanz**	**Erfolgs-zuversicht**	**Zufriedenheit**
Interesse wecken	Zielorientierung	Lern-anforderungen	Gelegenheiten zur Anwendung
Neugierde anregen	Motivpassung	Erfolgserlebnisse	Positive Folgen
Abwechslung	Vertrautheit	Selbstkontrolle	Fairness

Abbildung 4: ARCS Model of Motivational Design nach Keller (1987)

Aufmerksamkeit. Diese ist nicht nur ein wichtiges motivationales Element, sondern unabdingbar für Lernen. Beim Design von Lernsettings, insbesondere in der Online-Lehre, kommt der Erzeugung und Aufrechterhaltung von Aufmerksamkeit eine besondere Bedeutung zu. Die Lernmaterialien sollten dabei so gestaltet werden, dass sie bei den Lernenden Interesse wecken, z.B. durch unerwartete, widersprüchliche, provokative oder humorvolle Einstiege, die Verwendung von Anekdoten und Storytelling (vgl. dazu auch Linde & Auferkorte-Michaelis, 2021). Fragen oder Problemstellungen können die Lernenden dazu anregen, nach Informationen zu suchen, Neues zu erforschen oder zu entdecken und damit ihre Neugierde wecken. Um die Aufmerksamkeit im weiteren Lernprozess aufrecht zu erhalten, ist es wichtig, Abwechslung in das Lernangebot zu bringen. Dies kann beispielsweise durch die Variation didaktischer Methoden (Präsentationen, Übungen, Spiele, Tests) und Medien (Texte, Bilder, Videos) geschehen oder aber auch durch einen Wechsel der Interaktions- und Sozialformen (Frontalunterricht, Einzel,- Partner, Gruppenarbeiten).

Relevanz. Eine weitere bedeutende Bedingung für die Lernmotivation ist die wahrgenommene Relevanz der Lerninhalte in Bezug auf eigene Lernbedürfnisse der Studierenden. Dabei können

Lernangebote auf zwei Ebenen als relevant erlebt werden: zum einen auf der Ebene der Inhalte selbst, zum anderen auf der Ebene der didaktischen Methoden. Haben Lernende beispielsweise ein hohes Bedürfnis nach sozialer Verbundenheit und Austausch untereinander, werden sie Lernsettings mit der Möglichkeit zur Kooperation und Diskussion mit ihren Mitstudierenden bevorzugen. Auch die Möglichkeit, außerfachliche Kompetenzen zu trainieren, wie beispielsweise das Schreiben von Artikeln, die Produktion eines Videos oder ähnliches kann von den Lernenden als relevantes Lernziel erlebt werden. In Lehr-Lern-Arrangements sollte es deshalb eine klare Zielorientierung sowie Wahlmöglichkeiten für verschiedene Ziele geben. Diese müssen wiederum aber auch explizit formuliert werden. Außerdem ist entscheidend, dass die Angebote so gestaltet werden, dass sie bestmöglich zu den Zielen und Motiven der Lernenden passen. Dies ist zum Beispiel durch die Art der Aufgabengestaltung und durch die Schaffung von entsprechenden Wahlmöglichkeiten realisierbar. Dabei kann über einen Bezug zur Lebenswelt der Lernenden, deren bisherigen Erfahrungen oder ihrer derzeitigen Situation und über die Ziele für ihre (berufliche) Zukunft eine Vertrautheit mit dem Lernkontext geschaffen werden. Dies erleichtert es den Studierenden, die Inhalte als relevant wahrzunehmen.

Erfolgszuversicht. Bei Lernenden können ein geringes Selbstbewusstsein und Vertrauen auf Erfolg dadurch entstehen, dass ihnen nicht klar ist, was genau von ihnen erwartet wird und woran die Lehrperson den Grad des Lernerfolgs festmacht. Deshalb ist es für erfolgreiches Lernen entscheidend, den Lernenden die erwarteten Ziele, die sich daraus an sie ergebenden Lernanforderungen und die Bewertungskriterien ihrer Leistungen transparent zu machen. Hier können u.a. Beispiele und Musterlösungen zu den angestrebten Arbeitsergebnissen helfen. Ein mangelndes Selbstbewusstsein in Bezug auf die Erreichung bestimmter Ziele kann ebenfalls daraus resultieren, dass erzielte Erfolge nicht auf die eigenen Fähigkeiten zurückgeführt werden. Hier ist es wichtig, den Lernenden Erfolgserlebnisse zu ermöglichen, um sie in ihrer Erfolgszuversicht zu stärken. Unterschiedliche Schwierigkeitsniveaus sowie selbst wählbare Einstiegspunkte und Lernwege, je nach vorhandenem Vorwissen und Fähigkeiten, wären hier als Beispiele zu nennen. Auch die Möglichkeit, Fehler in nicht-bewerteten Lernsituationen machen zu können und an diesen Fehlern zu lernen, kann das Selbstbewusstsein und das Zutrauen in die eigenen Fähigkeiten der Lernenden wesentlich unterstützen. Schließlich ist für die Selbstwirksamkeitserwartung der Lernenden auch bedeutsam, ob und inwieweit sie die Kontrolle über ihren Lernprozess behalten. Sie sollten daher die Gelegenheit bekommen, selbst über ihre Lernwege, die benötigte Lernzeit und die von ihnen präferierten Ein- und Ausstiegspunkte entscheiden zu dürfen. Damit können Lernende dabei unterstützt werden, Lernerfolge auf die eigene Anstrengung und nicht auf externe Faktoren zurückzuführen.

Zufriedenheit. Als vierte Bedingung für erfolgreiches Lernen nennt Keller die Zufriedenheit der Lernenden, sowohl in Bezug auf den Lernprozess als auch auf die Lernergebnisse. So kann sich hier beispielsweise die Schaffung von Gelegenheiten zur Anwendung und zum Transfer des Gelernten positiv auswirken. Auch spielen dabei die positiven Folgen auf Lernaktivitäten in Form von angemessenem und informativem Feedback eine wichtige Rolle. Ebenso kann die erlebte Fairness durch transparente und stimmige Bewertungsmaßstäbe dazu beitragen, das Gefühl der Zufriedenheit aufrechtzuerhalten.

Das ARCS *Model of Motivational Design* von Keller wurde durch verschiedene empirische Befunde bestätigt. Diese belegen, dass die Nutzung von Strategien zur Unterstützung aller vier Dimensionen sowohl die selbst erlebte Motivation der Lernenden und deren Lernerfolg steigern als auch die Dropout-Quote senken können. So fanden beispielsweise Means et al. (1997), dass sich die Verwendung von Beispielen, die einen konkreten Bezug zur Lebenswelt der Studierenden haben, positiv auf Motivation und Lernerfolg auswirken. Dies gilt insbesondere dann, wenn der eigentliche Lerninhalt von geringer Bedeutung für die Lernenden ist. Visser und Keller (1990) konnten wiederum einen positiven Effekt durch das zielgenaue Versenden motivierender persönlicher Nachrichten und Erinnerungen auf das Lernverhalten, z.B. die rechtzeitige Aufgabenerledigung nachweisen. In einer Studie von Winiecki et al. (1999) zeigte sich außerdem, wie eine gute zeitliche Strukturierung und klare Zielkriterien die Abbruchquote in einem Fernstudiengang erheblich zu reduzieren vermögen.

Keller entwickelte auf der Basis dieser Bedingungen für erfolgreiches Lernen einen zehnstufigen Entwicklungsprozess des motivationalen Designs. Dieser orientiert sich an den vier Schritten des klassischen Instruktionsdesigns *Analyse*, *Gestaltung*, *Implementierung* und *Evaluation* (Keller, 1999, Keller & Suzuki, 2004) und eignet sich insbesondere auch für die motivationale Gestaltung von Lernumgebungen im Kontext von E-Learning.

	Schritte	*Inhalte*
1	**Kursinformationen einholen**	Kursbeschreibung, Rahmenbedingungen, Informationen zu den Kursleitenden
2	**Informationen über die Zielgruppe einholen**	Vorwissen, Einstellungen zur Ausbildung und zum Kurs
3	**Zielgruppe analysieren**	Motivationsprofil, Grundbedürfnisse, veränderbare Einflüsse
4	**vorhandenes Material analysieren**	positive Merkmale, Mängel oder Probleme, verwandte Themen
5	**Lehrziele und Bewertungs-kriterien auflisten**	Ziele des motivationalen Designs, Verhalten der Lernenden, Methoden der Verstärkung
6	**potentielle motivationale Strategien zusammenstellen**	Brainstorming zu motivationalen Strategien (vor, während und nach der Lerneinheit)
7	**motivationale Strategien auswählen und gestalten**	Integrierte Strategien, Methoden zur Förderung und Aufrechterhaltung der Motivation
8	**ausgewählte Strategien durch Instruktion integrieren**	Kombination von Designs, Aspekte der Integration, erforderliche Revisionen
9	**Materialien auswählen und entwickeln**	Auswahl verfügbarer Materialien, Anpassung an Lernsituation, Entwicklung neuer Materialien
10	**evaluieren und anpassen**	Beobachtung der Reaktionen der Lernenden, Bestimmung des Ausmaßes an Zufriedenheit, Überarbeitung, falls notwendig

Tabelle 2: Entwicklungsprozess des motivationalen Designs nach Keller (1999)

Dabei werden in den ersten beiden Schritten zunächst Informationen über die Ziele, Inhalte und Rahmenbedingungen eines ggf. schon bestehenden Kurses und über das Vorwissen und die Einstellungen der Zielgruppe eingeholt. In den nächsten beiden Schritten erfolgt eine Analyse der Zielgruppe und des bereits existierenden Lehrmaterials. Im folgenden fünften Schritt werden auf dieser Grundlage die entsprechenden Lehrziele formuliert und Zielkriterien festgelegt. Nun können in den Schritten 6 bis 8 per Brainstorming potentielle motivationale Strategien zusammengetragen, die geeignetsten ausgewählt und in das Lernsetting integriert werden. Abschließend erfolgt, unter Nutzung bereits vorhandener Ressourcen und Materialien, die Entwicklung und Testung neuer Lernmaterialien und Aufgaben (Tabelle 2).

Um den Designprozess gerade für auf diesem Gebiet unerfahrene Lehrende zu erleichtern, haben Suzuki und Keller (1996, zitiert nach Keller, 2000) darüber hinaus einen vereinfachten Ansatz entwickelt. Darin werden die für das motivationale Design relevanten Faktoren entlang der vier Motivationsstrategien in einer Matrix abgebildet. In Tabelle 3 ist beispielhaft dargestellt, wie auf diesem Weg schnell und übersichtlich die entscheidenden „Brennpunkte" identifiziert werden können. Auch wenn dieses Beispiel der Autoren (eine ausgewählte Lerneinheit zum Thema „Verwendung internationaler E-Mails") schon älter ist und aus der Anfangszeit des World Wide Web stammt, verdeutlicht es unserer Ansicht nach sehr gut, wie man in wenigen Schritten von der Analyse motivationaler Faktoren zur Ableitung angemessener Strategien für ein ausgewogenes motivationales Design gelangen kann.

In der ersten Zeile werden zunächst die wichtigsten Merkmale der Lernenden hinsichtlich ihrer allgemeinen Lernmotivation aufgeschlüsselt. In der zweiten und dritten Zeile wird von den Lehrenden beurteilt, wie die Lernenden gegenüber den Lernaufgaben sowie allgemein gegenüber Computer und Internet als Instruktionsmedien eingestellt sind. Hier soll also beispielsweise beurteilt werden, wie ansprechend und interessant die Aufgaben für die Studierenden sind und als wie herausfordernd der Umgang mit der Technik empfunden wird. Die fünfte Zeile beinhaltet Angaben zu den Merkmalen der Lernumgebung und der bereitgestellten Materialien. Für jeden Eintrag wird ein „plus" oder „minus" vergeben, je nachdem ob die jeweilige Bedingung als positiv oder negativ für den entsprechenden Motivationsaspekt angesehen wird. Auf der Grundlage der Einträge in diesen fünf Zeilen kann nun schließlich in der letzten Zeile vermerkt werden, in welchem Umfang eine motivationale Unterstützung als erforderlich erachtet wird und welche motivationalen Strategien zum Einsatz kommen sollen.

Designfaktoren	ARCS-Kategorien			
	Aufmerksamkeit	**Relevanz**	**Erfolgszuversicht**	**Zufriedenheit**
Lernendenmerkmale	Wahlkurs, hohes Interesse (+)	hohes Commitment (+)	geringe Fertigkeiten (Tippen, englische Konversation) (-)	neue Lerngruppe (-) bekannte Lehrperson (+)
Einstellungen gegenüber Lernaufgaben	neu, attraktiv, erlebnisreich (+)	aktuelle Themenrelevanz (+) nützlich für die Zukunft (+) beschränkter PC-Zugang (-)	erscheint schwierig (-) erste Berührung mit dem Thema (-)	hohe Anwendbarkeit (+) spannende Ergebnisse (+)
Einstellungen ggü. dem Computer als Medium	interessante neue Nutzung als Networking-Tool (+)	vertraut als Standalone-Tool (+)	instabile Netzwerkverbindung könnte beunruhigen (-)	unmittelbares Feedback (+)
Merkmale der Lernumgebung			Anwendung des Englischen (-)	Teilnahme für alle möglich (+)
Motivationale Lehrstrategien	minimale Strategien erforderlich: ▶ Betone Möglichkeit weltweiter Vernetzung ▶ Veranschauliche Vorteile (unmittelbare Übertragung)	minimale Strategien erforderlich: ▶ Zeige, wie dies die eigenen Kommunikationsmöglichkeiten erweitern kann	notwendige Strategien erforderlich: ▶ Formuliere schrittweise Ziele, von leicht zu schwer ▶ Co-Teaching mit Englisch-Lehrendem / Übersetzungstools	minimale Strategien erforderlich: ▶ Biete Unterstützung in Form von Nachrichten von „Netzwerk-Kumpeln“ an

Tabelle 3: Beispiel für das vereinfachte Design nach Suzuki und Keller (1996): Eine ausgewählte Lerneinheit zum Thema „Verwendung internationaler E-Mails“

Für die Gestaltung von Lehr-Lern-Arrangements stellen die in diesem Kapitel dargestellten Theorien und Befunde zum didaktischen und motivationalen Design eine wichtige Grundlage dar. Dies trifft für Präsenzformate ebenso zu wie für Blended-Learning-Arrangements oder reine Onlinekurse. In den folgenden Kapiteln werden wir uns daher an den entsprechenden Stellen immer wieder darauf beziehen. Einem ausgewogenen motivationalen Design kommt aber dann noch einmal eine besondere Bedeutung zu, wenn der direkte Kontakt zwischen Lehrenden und Studierenden und auch der der Studierenden untereinander eingeschränkt ist. Gerade längere Onlinephasen stellen an die Selbstlernkompetenzen der Lernenden höhere Anforderungen. Wir möchten deshalb besonders im folgenden Kapitel gern detaillierter auf die Konsequenzen für die didaktische und motivationale Gestaltung von Onlinephasen sowie deren Verzahnung mit Präsenzveranstaltungen eingehen. Hierbei beziehen wir uns auf die bereits dargestellten drei zentralen didaktischen Gestaltungsaspekte: *Lerninhalte bereitstellen*, *Aufgaben gestalten* und *Kommunikation ermöglichen*.

3 Onlinephasen gestalten

Insbesondere in reinen Onlinekursen, aber auch in Blended-Learning-Settings spielt die sorgfältige didaktische und motivationale Gestaltung der Onlinephasen eine besondere Rolle. Denn der direkte persönliche Kontakt vor Ort in Präsenzveranstaltungen zwischen Lehrenden und Lernenden und auch zwischen den Studierenden untereinander ist dort über den Zeitraum der Onlinephasen (das kann länger oder kürzer sein) unterbrochen. Hier stehen Sie als Lehrende vor der Herausforderung, das Lehr-Lern-Arrangement so zu gestalten, dass sich die Studierenden ausreichend motiviert fühlen, in dieser Phase überwiegend selbstgesteuert zu lernen.

Je länger solche Onlinephasen andauern, umso wichtiger ist es, eine (individuell) zeitliche Taktung vorzugeben oder mit den Studierenden zu vereinbaren, um deren Verbindlichkeit zu erhöhen und einem großen Drop-out entgegenzuwirken. Klare Deadlines für zu erledigende Aufgaben und ein möglichst regelmäßiger Turnus für Abgaben geben den Studierenden eine zeitliche Struktur an die Hand, die ihnen das kontinuierliche Lernen erleichtern kann. Definierte Abgabetermine helfen auch Ihnen als Lehrende, zeitnahe Feedbacks besser zu planen und umzusetzen.

Ebenso bedeutsam sind eine enge tutorielle Betreuung und die Ermöglichung einer regelmäßigen Zusammenarbeit und Kommunikation der Studierenden untereinander. Der Grund: Indem die Studierenden soziale Eingebundenheit z.B. durch regelmäßiges Treffen und Zusammenarbeiten mit einer Teilgruppe der Lernenden erleben, wird das Zusammenhörigkeitsgefühl innerhalb der Online-Lerngemeinschaft gestärkt und dadurch das individuelle Engagements der Einzelnen erhöht. Für die konkrete Ausgestaltung solcher Onlinephasen haben wir Ihnen nachfolgend einige Empfehlungen zusammengestellt, die sich aus den dargestellten theoretischen Überlegungen und empirischen Befunden aus Kapitel 2 für die Gestaltung von Onlinephasen ableiten lassen.

3.1 Implikationen für die Gestaltung von Onlinephasen

Aus den Erkenntnissen zum didaktischen und motivationalen Design von Lernarrangements (Kap. 2) ergeben sich verschiedene methodische Ansätze für die Gestaltung von Onlinephasen. In der nachfolgenden Übersicht sind die wesentlichen didaktischen Elemente zusammengefasst, die Ihnen als Lehrperson dabei helfen können, Ihre Studierenden für die Lerninhalte zu begeistern, diesen ein selbstbestimmteres Lernen zu ermöglichen und deren Bedürfnis nach Zugehörigkeit zu befriedigen. Durch diese Art der Begleitung ermöglichen Sie ihnen, ihren Lernprozess zufriedener und zuversichtlicher zu durchlaufen.

Motivationale Dimensionen und Strategien

- Aufmerksamkeit erzeugen und aufrechterhalten
  - Interesse wecken
  - Neugierde anregen
  - Abwechslung schaffen
- Relevanz herstellen
  - Lehrziele klar definieren und transparent machen
  - Bedeutsamkeit erhöhen
  - Relevante Kontexte schaffen
- Selbstbestimmung unterstützen
  - Eigeninitiative ermöglichen
  - Wahlmöglichkeiten anbieten
- Kompetenzerleben und Erfolgszuversicht stärken
  - Lösungen selbst erarbeiten lassen
  - Schwierigkeitsgrade variieren
  - zeitliche Sequenzierung mit klaren Deadlines vorgeben
- Zufriedenheit erhöhen
  - Gelegenheiten zur Anwendung schaffen
  - angemessenes und zeitnahes Feedback geben
  - Bewertungskriterien transparent und gerecht gestalten
- Soziale Eingebundenheit fördern
  - persönliche Anteilnahme zeigen
  - wertschätzendes Feedback geben
  - kooperatives Lernen und sozialen Austausch ermöglichen

Für das Design von Onlinephasen ergeben sich aus diesen Empfehlungen konkrete Hinweise auf den folgenden drei zentralen Gestaltungsebenen: der *Bereitstellung von Lerninhalten*, der *Gestaltung von Aufgaben* sowie der *Ermöglichung von Onlinekommunikation und -kooperation*. Wie sich diese im Lehralltag umsetzen lassen, möchten wir Ihnen im Folgenden anhand einiger praktischer Tipps und Beispiele erläutern.

3.1.1 Lerninhalte bereitstellen

Ein wichtiger Baustein bei der Gestaltung von Onlinephasen ist die Bereitstellung von Lerninhalten. Auch wenn es aus Gründen der Übersichtlichkeit und Orientierung durchaus sinnvoll sein kann, Materialien grundsätzlich in einem einheitlichen Format zu präsentieren, sollten Sie als Lehrende über eine Variation der Formate (Texte, Bilder, Videos, Podcasts, Animationen) innerhalb und zwischen den Inhalten nachdenken. Denn dies schafft nicht nur Abwechslung im Lernprozess, sondern kann auch dazu beitragen, das Interesse und die Aufmerksamkeit der Lernenden aufrecht zu erhalten.

Indem Sie die Inhaltsformate variieren, können Sie außerdem besser auf die unterschiedlichen Bedürfnisse und Lernpräferenzen Ihrer Studierenden eingehen. Dabei ist es ebenso sinnvoll, dieselben Lerninhalte auch in unterschiedlichen Formaten zur Verfügung zu stellen und den Studierenden damit Wahlfreiheiten je nach Lerntyp zu ermöglichen. Die bereitgestellten Materialien sollten außerdem so gestaltet sein, dass sie Aufmerksamkeit bei den Studierenden erzeugen und ihre Neugierde wecken. Durch überraschende Einstiege, Anekdoten, provokante Fragen und ähnliches können Sie auch für Lerninhalte, die auf den ersten Blick vielleicht weniger spannend erscheinen, Interesse bei Ihren Studierenden hervorrufen.

Stellen Sie sich beispielsweise vor, Sie möchten in das Thema Zinsrechnung einführen. Dann könnten Sie anhand einer kleinen Anekdote oder eines Rechenbeispiels aus dem Alltag zeigen, welch große Rolle beispielsweise der Zinseszins beim Sparen spielt. Ausreichend Bezüge zur Lebens- und insbesondere auch zur späteren Arbeitswelt der Studierenden herzustellen, ist besonders wichtig. Gerade bei der Vermittlung von Grundlagenwissen zu Beginn des Studiums passiert es nicht selten, dass den

Studierenden die Einordnung der Lerninhalte in den Gesamtzusammenhang schwerfällt. Denn sie können nicht überblicken, wofür sie bestimmte Dinge überhaupt lernen und brauchen, weil ihnen der theoretische Rahmen sowie der Bezug zur praktischen Anwendung fehlt. Deshalb ist es für eine hohe Lernmotivation ebenfalls entscheidend, immer wieder Anwendungsbezüge herzustellen und viele praktische Beispiele für die aktuellen Lerninhalte zu geben. Hier können auch die Verwendung von Identifikationsfiguren und der Ansatz des Storytellings hilfreich sein. Wichtig ist schließlich auch, durch eine persönliche Ansprache eine Beziehung zu den Studierenden herzustellen und sie dadurch in ihrem Lernprozess zu unterstützen. Lernen braucht das Gefühl der sozialen Eingebundenheit (vgl. Kap. 2.3) und zwar nicht nur zu den anderen Lernenden, sondern auch zu Ihnen als Lehrperson.

Motivationale Strategien zur Bereitstellung von Lerninhalten

- Interesse wecken
  - überraschende Einstiege gestalten
  - provokante Fragen formulieren
- Abwechslung schaffen und Wahlmöglichkeiten anbieten
  - Inhaltsformate variieren (Texte, Bilder, Videos etc.)
  - Lektionen mit unterschiedlichen Lernpfaden anbieten
- Bedeutsamkeit erhöhen und relevante Kontexte schaffen
  - Anwendungsbezüge herstellen
  - praktische Beispiele geben

3.1.2 Aufgaben gestalten

Neben der Bereitstellung von Materialien ist insbesondere in Onlinephasen die sorgfältige Gestaltung entsprechender Aufgaben von essenzieller Bedeutung. Die Einbettung der Lernmaterialien in einen konkreten Aufgabenkontext hilft den Studierenden dabei, sich aktiv und zielorientiert mit den Lerninhalten auseinanderzusetzen. Dabei können solche Aufgaben sowohl auf die Unterstützung rein rezeptiver als auch produktiv-entwerfender

Lernaktivitäten abzielen (Reinmann, 2003, 2011). Eine Aufgabe kann also einerseits nur darin bestehen, einen Studientext zu lesen oder ein Lernvideo anzuschauen. Andererseits können Sie Ihre Studierenden dazu auffordern, aus dem Gelernten neue Inhalte und Vermittlungsformate für ihre Mitlernenden zu kreieren. Dies könnte beispielsweise ein selbst entworfenes Quiz, eine Mindmap oder auch ein eigenes kurzes Erklärvideo zum Thema sein (vgl. auch Kap. 5.1.2).

Um die Studierenden auf die Onlineaufgaben vorzubereiten, ist es zunächst wichtig, ihnen die Lehrziele sowie alle entsprechenden Bewertungskriterien der zu lösenden Aufgaben transparent zu machen. Formulieren Sie klar Ihre Anforderungen, wie Art und erwarteter Zeitpunkt der Aufgabenabgabe. Gestalten Sie die zugrundeliegenden Bewertungskriterien transparent und gerecht und versuchen Sie, alle Modalitäten für ein erfolgreiches Bestehen deutlich an die Studierenden zu kommunizieren. Um ein möglichst selbstbestimmtes Lernen zu unterstützen, sollte es auch für das Format der Aufgabenbearbeitung entsprechende Wahlmöglichkeiten geben. So könnten beispielsweise neben textlichen Ausarbeitungen auch die Anfertigung von Videos, Podcasts, Präsentationen, die Gestaltung von Plakaten oder Artikeln in Online-Zeitschriften zugelassen werden (vgl. Kap. 5.1.2). Auch die Erstellung von Quizzen oder Glossaren oder eine Kombination verschiedener Formate ist denkbar.

Die Eigeninitiative der Studierenden können Sie zusätzlich fördern, indem Sie diesen nicht nur die Möglichkeit bieten, Inhalte selbst zu erstellen, sondern diese auch der – mindestens hochschulinternen – Öffentlichkeit zugänglich zu machen. Dadurch bekommen die Studierenden die Chance, sich eine Online-Reputation aufzubauen oder ihre schon vorhandene zu erweitern und erhalten so eine zusätzliche motivationale Anregung. Ebenso wichtig ist es, die Aufgaben so zu gestalten, dass es für die Studierenden ausreichend Möglichkeiten gibt, selbst Praxisbezüge herzustellen und neu erworbenes Wissen in verschiedenen Kontexten anzuwenden. Prüfen Sie in diesem Zusammenhang auch noch einmal die Lehrziele Ihrer Veranstaltung: Welche Kompetenzen sollen Ihre Studierenden am Ende des Semesters erworben haben? Auf welchem Niveau sollen die einzelnen Lerninhalte verstanden worden und in welcher Art und Weise soll das erworbene Wissen anwendungsbereit sein? Hier zeigt sich möglicherweise, dass sich Aufgaben an der einen oder anderen Stelle noch praxisorientierter gestalten lassen.

Motivationale Strategien zur Gestaltung von Aufgaben

- Lehrziele und Bewertungskriterien transparent machen
  - Lehrziele und Anforderungen klar formulieren
  - Bewertungskriterien transparent und gerecht gestalten
  - zeitliche Sequenzierung mit klaren Deadlines vorgeben
- Eigeninitiative ermöglichen und Wahlmöglichkeiten anbieten
  - Format der Aufgabenabgabe freistellen
  - Inhalte selbst erstellen lassen, Online-Reputation ermöglichen
  - Schwierigkeitsgrade variieren
- Bedeutsamkeit erhöhen und relevante Kontexte schaffen
  - Praxisbezüge herstellen
  - Gelegenheiten zur Anwendung schaffen

3.1.3 Kommunikation ermöglichen

Onlineaufgaben sollten außerdem immer auch Gelegenheiten bieten, Wissen zu teilen, sich mit anderen Lernenden auszutauschen und zusammenzuarbeiten. Hierbei bekommen die Studierenden die Möglichkeit, ihre Wissensstände untereinander abzugleichen, sich gegenseitig im Lernprozess zu unterstützen und von unterschiedlichen Perspektiven und Erfahrungshintergründen zu profitieren. Eine Zusammenarbeit zwischen den Studierenden kann beispielsweise durch das Angebot gefördert werden, Aufgaben in Kleingruppen zu bearbeiten. Dadurch bieten Sie Ihren Studierenden einen Rahmen, sich sozial zu vernetzen und sich in der Organisation und Umsetzung von Gruppenarbeit zu üben. Auf Lernplattformen wie z.B. Moodle können solche Gruppenergebnisse dann auch als gemeinsame Aufgabenbearbeitungen eingereicht werden. So könnten die Studierenden ein gemeinsames Wiki erstellen oder auch online zusammen an Dokumenten oder Medienprodukten arbeiten.

Neben der Arbeit in Gruppen bieten sich auch Methoden an, die einen Diskurs zwischen den Studierenden fördern, indem sie sich beispielsweise gegenseitig Rückmeldungen geben. Lassen Sie Ihre Studierenden zum Beispiel Blog- oder Forenbeiträge zu Arbeitsergebnissen verfassen und dann die Beiträge anderer kommentieren, um so eine Diskussion zu den Lerninhalten anzuregen. Stellen Sie Lerntandems zusammen, die einander Zwischenfeedbacks im Stil eines Peer-Review-Verfahrens zu ihren Aufgabenbearbeitungen geben.

Außerdem ist es für ein ausgewogenes motivationales Lernsetting unabdingbar, dass auch Sie als Lehrende den Studierenden regelmäßig Feedback geben. Achten sie zum einen darauf, vorab klar zu kommunizieren, in welchem Zeitrahmen Sie Rückmeldungen geben und zum anderen darauf, diese auch möglichst zeitnah zu erstellen. Bedeutsam ist weiterhin vor allem, dass Ihr Feedback neben einer möglicherweise vorgesehenen reinen Notenbewertung auch weitere konstruktive Hinweise für die Studierenden enthält, die diese in ihrem weiteren Lernfortschritt unterstützen. Bemühen Sie sich dabei immer um wertschätzende Formulierungen, auch wenn die Arbeitsergebnisse noch deutliche Schwächen aufweisen oder Sie mehr Lernengagement erwarten.

Bleiben Sie auch sonst in stetem Kontakt zu Ihren Studierenden. Durch regelmäßige, am besten personalisierte Erinnerungsmails oder kleine ermunternde Botschaften helfen Sie diesen, Durststrecken zu überwinden und die Lernmotivation aufrecht zu erhalten. Schließlich sollten auch die Studierenden veranstaltungsbegleitend Gelegenheit bekommen, Ihnen als Lehrperson Feedback zu geben, Fragen zu stellen und auf mögliche Brennpunkte hinzuweisen. So erhalten Sie auch einen Überblick über eventuell auftretende Probleme und können flexibel darauf reagieren. Solche Rückmeldungen lassen sich selbst für große Gruppen unkompliziert mit Feedbacktools einholen, die auf fast allen Lernplattformen vorhandenen sind. Aber auch eine kleine Onlinebefragung über das Evaluationssystem der Hochschule ist meist schnell erstellt und bietet oft eine automatische, grafisch aufbereitete Zusammenfassung der Ergebnisse. Auf die Möglichkeiten, Rückmeldungen zum Lernprozess zu erhalten und Feedback der Studierenden auch in größeren Präsenzveranstaltungen einzuholen, gehen wir in den Kapiteln 4.2 und 4.4 gesondert ein.

Motivationale Strategien zur Ermöglichung von Kommunikation

- kooperatives Lernen und sozialen Austausch ermöglichen
  - Kleingruppenarbeit und Lerntandems initiieren
  - sich gegenseitig Feedback geben lassen
- den Studierenden Feedback geben
  - Rückmeldungen zeitnah erstellen
  - auf angemessene und wertschätzende Formulierungen achten
- mit den Studierenden in Kontakt bleiben
  - regelmäßig Erinnerungs- und Grußmails verschicken
  - Feedback von den Studierenden einholen

3.2 Verzahnung von Onlinephasen und Präsenzveranstaltungen

Soll ein integratives Lernsetting im Sinne eines Blended-Learning-Konzeptes umgesetzt werden, ist bei der Gestaltung der Onlinephasen darauf zu achten, dass auch die Übergänge zwischen Onlineaktivitäten und Präsenzveranstaltungen sorgfältig konzipiert werden. So bleibt für die Studierenden der „rote Faden" des Gesamtarrangements erkennbar. Dabei können sowohl Onlinephasen zur Vor- oder Nachbereitung der jeweiligen Präsenzsitzungen dienen als auch umgekehrt. Wichtig hierbei ist in beiden Fällen eine klare Kommunikation des Erwartungshorizonts: Was sollen die Studierenden bis wann erledigt haben? Welche Ergebnisse erwarten Sie und wie bewerten Sie diese?

Ebenso entscheidend ist eine stringente Einhaltung des Lehrkonzepts. Sollen sich die Studierenden beispielsweise mit bestimmten Lerninhalten vorab beschäftigen, müssen Sie als Lehrende die Verbindlichkeit der Aufgabenbearbeitung deutlich machen. Weisen Sie z.B. darauf hin, dass diese Inhalte Voraussetzung für die Arbeit in der folgenden Präsenzveranstaltung sind und nicht noch einmal wiederholt werden. Und halten Sie sich dann auch selbst daran. Klare Arbeitsaufträge und Absprachen für den Ablauf der Präsenztreffen helfen zudem, online erarbeitete Inhalte vor Ort in der Präsenzveranstaltung vorzustellen und zu diskutieren. Damit wird der Austausch zwischen den Teilnehmenden effektiv und gewinnbringend gestaltet. Außerdem sollten auch Aufgaben für die Onlinephasen und deren Bedeutung für den weiteren Lehrveranstaltungsverlauf bereits in der vorhergehenden Präsenzsitzung klar kommuniziert werden. Wie solche Szenarien mit einem Wechsel aus Präsenzsitzungen und Onlinephasen konkret aussehen können und wie sich diese in der Lehrpraxis umsetzen lassen, stellen wir Ihnen in Kapitel 5 (Blended-Learning-Szenarien umsetzen) anhand ausgewählter Beispiele ausführlich vor.

4 Präsenzveranstaltungen anreichern – digitale Helferlein in Vorlesung und Seminar

Nicht nur für die Gestaltung von Onlinephasen, sondern auch zur Anreicherung der Präsenzlehre lassen sich digitale Tools auf vielfältige Weise einsetzen. Weil sie das studentische Lernen auf einfache Art unterstützen und unkompliziert in die Lehrveranstaltung integriert werden können, nennen wir sie „digitale Helferlein". In diesem Kapitel werden wir im Sinne des Anreicherungskonzepts (vgl. Kap. 2.1) einige dieser Helferlein vorstellen und Ihnen zeigen, wie Sie diese zur Unterstützung ausgewählter Unterrichtsmethoden nutzen können.

Was sind die Vorteile solcher digitalen Tools? Indem die Studierenden stärker aktiv in das Lerngeschehen eingebunden werden, können Lehrveranstaltungen abwechslungsreicher gestaltet werden. Neben der Inhaltskomponente (Kerres & de Witt, 2003, vgl. Kap. 2.2) werden damit auch besser die Kommunikations- und die Konstruktionskomponenten des Lehr-Lern-Arrangements unterstützt: Wenn die Studierenden mehr oder überhaupt Gelegenheiten bekommen, mit den Lehrenden zu kommunizieren, Fragen zu stellen und Meinungen zu äußern, miteinander zu interagieren und Lerninhalte selbst zu erarbeiten, kann dies nicht nur deren Lernmotivation verbessern, sondern letztendlich auch ihren Lernerfolg positiv beeinflussen (vgl. Kap. 2.3).

Darüber hinaus sind solche „digitalen Helferlein" auch dazu geeignet, die Lehrenden dabei zu unterstützen, mit ihren Studierenden in Interaktion zu treten. Sie als Lehrende können so schnell einen Überblick über die Vorwissens- und Lernstände Ihrer Studierenden erhalten. Sie können außerdem unkompliziert kurze Feedbacks zur Zufriedenheit über den Veranstaltungsverlauf und auch über inhaltliche Aspekte einholen, die die Mehrzahl der Studierenden nicht verstanden haben.

In aller Regel handelt es sich bei den digitalen Tools um Webanwendungen, die über jegliche Art digitaler Endgeräte wie Smartphones, Tablets und Laptops verfügbar sind. Dadurch kann eine schnelle und unkomplizierte Einbindung der Studierenden, gerade auch in großen Gruppen, realisiert werden. So lassen sich damit beispielsweise besonders diejenigen besser abholen, die sich sonst mit Beiträgen und Fragen in der großen Runde eher zurückhalten würden. Des Weiteren bieten die meisten Anwendungen verschiedene Speichermöglichkeiten und erleichtern so eine einfache Ergebnissicherung, nicht nur für Sie, sondern auch für Ihre Studierenden.

Eine abwechslungsreiche und interaktive Lehrveranstaltung lässt sich auch ohne den Einsatz digitaler Tools bewerkstelligen. Entscheidend sind in erster Linie Auswahl und Einsatz passender didaktischer Methoden, die sich an den Lehrzielen und -inhalten sowie an den Gegebenheiten und Rahmenbedingungen des Lehr-Lern-Arrangements orientieren. Hierbei spielen neben der Veranstaltungsart und -größe auch Merkmale der Zielgruppe wie bisherige Lernerfahrungen und die motivationale Ausgangslage eine wichtige Rolle. Sie sollten also zunächst überlegen, mit welchen Mitteln und Methoden Sie Ihre Studierenden didaktisch und motivational bestmöglich unterstützen können (vgl. dazu Kap. 2 und 3). Erst danach sollten Entscheidungen folgen, inwieweit sich diese digital sinnvoll unterstützen lassen.

Im Folgenden möchten wir Ihnen Anwendungsmöglichkeiten für vier ausgewählte Aspekte des Unterrichtshandelns vorstellen: *den Lernstand erfassen*, *Rückmeldungen über Lernprozesse erhalten*, *kollaboratives Arbeiten unterstützen* und *Feedback einholen*. Auch wenn diese Bereiche nur einen Teil möglicher didaktischer Gestaltungselemente abbilden, bieten sie unserer Ansicht nach einen guten Überblick über Einsatzmöglichkeiten digitaler Tools in der Präsenzlehre und lassen sich leicht auf weitere Anwendungsfelder übertragen. Zur Darstellung werden wir jeweils einige didaktische Methoden näher beleuchten und zu deren Unterstützung geeignete Tools, unsere so genannten „digitalen Helferlein" vorstellen. Hierzu gehen wir jedes Mal in diesem Dreischritt vor: Erläuterung des jeweiligen Aspekts, Vorstellung einer dafür sinnvollen didaktischen Methode (und einer eventuellen methodischen Alternative) sowie eines entsprechenden Tools, mit dem Sie diese Methode digital umsetzen können.

Dabei gilt: Die aufgeführten digitalen Tools können oftmals auch für die Unterstützung anderer didaktischer Methoden verwendet werden. Ausführliche Sammlungen verschiedenster Lehrmethoden für die Hochschullehre inklusive Begründungen für deren Einsatz finden Sie beispielsweise bei Hoffmann und Kiehne (2016) oder auch Macke et al. (2016). Außerdem bieten Busch (2018) und Strasser (2018) einen guten Überblick über weitere nützliche digitale Tools zur Anreicherung Ihrer Präsenzlehre.

Bitte prüfen Sie vor dem Einsatz eines Tools, inwiefern diese aktuell in Ihrer Hochschule oder Einrichtung zugelassen ist, ob datenschutzrechtliche Einwände gegen eine Nutzung sprechen und unter welchen Bedingungen eine DSGVO-konforme Nutzung möglich ist (vgl. hierzu Datenschutz-Grundverordnung DSGVO, 2018). Die hier dargestellten Anwendungsszenarien beziehen sich zunächst auf die Umsetzung in Präsenzveranstaltungen. Darüber hinaus lässt sich der Einsatz aber auch auf reine Online-Settings übertragen, entweder durch eine Einbindung in synchrone Online-Treffen oder auch bei der asynchronen Bereitstellung von Onlineaufgaben.

4.1 Den Lernstand erfassen

Die Erhebung des Lernstands Ihrer Studierenden kann zu verschiedenen Zeitpunkten im Veranstaltungsverlauf angezeigt sein. Direkt zu Veranstaltungsbeginn oder beim Übergang zu einem neuen Themenbereich hilft die Erfassung des studentischen Vorwissens, die nachfolgenden Inhalte besser an die Bedürfnisse der Studierenden anzupassen. Aber auch innerhalb eines Themenkomplexes kann es sinnvoll sein, die Wissensstände abzufragen. So erhalten Sie als Lehrperson schnell einen Überblick darüber, ob und wie gut die Inhalte der vorangegangenen Veranstaltung oder vorgeschalteter Inhalte (beispielsweise eines Lernvideos) verstanden wurden. Auch während der Lehrveranstaltung selbst kann eine kurze Zwischenabfrage Aufschluss über das Verstehensniveau der Studierenden geben. Durch die Transparenz, die Sie und Ihre Studierenden darüber erhalten, bietet sich Ihnen hier – je nach Ergebnissen – die Gelegenheit, auf besonders schwierige Inhalte noch einmal detaillierter einzugehen. Zudem lässt sich die Erfassung der Lernstände mit speziellen Methoden der Wissensvermittlung wie dem Peer-Instruction-Ansatz verbinden, auf den wir später noch genauer eingehen werden (Kap. 4.1.2).

4.1.1 Methode Quiz | Beispieltool Kahoot!

Ein Quiz oder Test ist wohl die gängigste Methode, um den Lernstand zu erfassen. Hierzu werden üblicherweise Fragen mit verschiedenen Antwortmöglichkeiten entwickelt. Zu unterscheiden ist dabei grundsätzlich zwischen Mehrfachauswahlfragen (Multiple Choice), bei denen mehr als eine der Antwortalternativen richtig sein kann und den Einfachauswahlfragen (Single Choice) mit nur genau einer richtigen Antwort. In der Regel werden zwischen zwei und fünf Antwortmöglichkeiten konstruiert, wobei Sie darauf achten sollten, die so genannten Distraktoren (also falschen Antwortalternativen) so zu gestalten, dass sie nicht als zu augenscheinlich falsch erkannt werden. Im Rahmen einer Lehrveranstaltung eingesetzte Quizze sollten zudem nicht zu umfangreich sein. Drei bis vier Fragen reichen in den allermeisten Fällen aus, um einen guten Überblick über den aktuellen Wissens- oder Lernstand der Studierenden zu erhalten. Und manchmal genügt vielleicht auch nur eine Frage zwischendurch.

Kahoot!

Das Quiztool *Kahoot!* ist wohl eines der inzwischen bekanntesten und meist genutzten seiner Art. Es wurde im Jahre 2013 an der NTNU in Trondheim, Norwegen, entwickelt. Die Einbeziehung der Antwortzeiten in die Bewertung prägt den typischen Wettbewerbscharakter von *Kahoot!* Es ist eine sehr einfach zu nutzende Webanwendung, die zudem nur für die Person, die ein Quiz erstellt, eine Registrierung erfordert. Die Studierenden können anonym durch die Eingabe einer so genannten Game-PIN und eines selbst gewählten Spitznamens am Quiz teilnehmen. Die Erstellung von Quizfragen und die beliebig häufige Durchführung von Quizrunden mit bis zu 50 Teilnehmenden ist in der Basisversion kostenlos. Neben selbst erstellten Fragen finden sich auf der *Kahoot!*-Plattform zahlreiche öffentliche Quizze, die Sie ebenfalls kostenlos nutzen können.

Vorgehen
Nachdem Sie bei *Kahoot!* ein Konto erstellt haben, können Sie sofort loslegen. In wenigen Schritten geben Sie Ihre Fragen und zwischen zwei und vier Antwortalternativen ein. In der Basisversion steht Ihnen allerdings nur der Single-Choice-Modus zur

Verfügung, bei dem jeweils nur eine Antwort als richtige ausgewählt werden kann. Sie können außerdem die Zeit festlegen, die für die Beantwortung jeder Frage erlaubt sein soll sowie den maximal erreichbaren Punktwert, der sich bei richtiger Antwort aus der benötigten Zeit ergibt. Sie haben außerdem die Möglichkeit, sowohl für die Frage selbst als auch für die einzelnen Antwortalternativen Bilder einzufügen.

Wenn Sie ein Quiz mit einer oder mehreren Fragen erstellt haben, können Sie das Spiel in zwei Modi starten, entweder als Live-Quiz im Seminarraum oder Hörsaal oder auch als Hausaufgabe im selbstgesteuerten Bearbeitungsmodus. Nach dem Starten einer Quizrunde stehen Ihnen noch weitere Optionen wie die Zufalls-von Spitznamen zur Verfügung. Im nächsten Schritt erscheint die Webadresse https://kahoot.it sowie die Game-PIN, mit der die Studierenden mit ihrem eigenen Endgerät (Smartphone, Tablet oder Laptop) am Quiz teilnehmen können. Sind alle Teilnehmenden an Bord, starten Sie die Quizrunde, wobei nach jeder Frage sowohl die Verteilung auf die verschiedenen Antwortoptionen als auch eine Bestenliste der drei Schnellsten angezeigt wird. Hier haben Sie die Möglichkeit, insbesondere bei vielen falschen Antworten, noch einmal auf eine nähere Begründung der richtigen Lösung einzugehen. Zum Abschluss der Quizrunde gibt es eine Siegerehrung, wobei auch hier nur die besten drei bis fünf Teilnehmenden auf einem Siegerpodest angezeigt werden.

Kahoot! Steckbrief

- Registrierung für Quizerstellung notwendig
- anonyme Teilnahme am Quiz per Game-PIN und Spitznamen
- Basisversion kostenlos
- Spielmodi: Live-Quiz oder selbstgesteuert
- Quizze mit 2-4 Antwortoptionen im Single-Choice-Modus
- Bewertung antwortzeitbasiert
- Teilnehmendenzahl: max. 50 (Basic) bis max. 2.000 (Premium)
- Alternativen: Quizizz (https://quizizz.com), Triventy (http://www.triventy.com)

Website: https://kahoot.com

4.1.2 Methode Peer Instruction | Beispieltool PINGO

Die Methode der *Peer Instruction* wurde bereits Anfang der 1990er Jahre von Eric Mazur (1997), Physikprofessor an der Harvard-Universität, entwickelt. Sie bietet eine einfache Möglichkeit, auch in großen Lehrveranstaltungen Verständnisschwierigkeiten nicht nur aufzudecken, sondern auf interaktive Art und Weise zu verringern. Das Prinzip der Methode basiert auf der Idee, dass Studierende durch gegenseitiges Erklären Lücken im konzeptuellen Verstehen von Sachverhalten schließen können. Indem diese zum einen versuchen, ihren Mitstudierenden ihr Verständnis eines bestimmten Konzepts zu erläutern, können sie auch eigene Wissenslücken leichter erkennen. Zum anderen erhalten sie durch die Erklärungen der anderen neue Anregungen, die ihnen das Erschließen grundlegender Zusammenhänge erleichtern können. Damit lassen sich nicht nur Fehlvorstellungen fachlicher Konzepte korrigieren, sondern alle Studierenden aktiv in den Lernprozess einbeziehen. Außerdem erhalten die Lehrenden einen besseren Überblick über mögliche Fehlkonzepte auf Seiten der Studierenden. Sie können damit schnell und direkt in ihrer Lehre Korrekturen vornehmen und diese an die Bedürfnisse der Studierenden anpassen und so deren Lernmotivation erhöhen (vgl. Kap. 2.3)

Eine Peer-Instruction-Einheit beginnt mit einem kurzen, maximal zehnminütigen Input zu einem thematischen Schwerpunkt. Danach wird den Studierenden eine Frage zu einem zugrundeliegenden Konzept der dargelegten Inhalte gestellt und sie erhalten kurz Zeit, über die Frage nachzudenken und ihre Antwort über ein elektronisches Abstimmungssystem individuell einzugeben. Liegt der Anteil richtiger Antworten im mittleren Bereich (ca. 30–70 %), werden die Studierenden im Anschluss aufgefordert, die Antworten mit ihren Kommiliton*innen in Kleingruppen zu diskutieren. Dabei sollen sie angehalten werden, die anderen jeweils von ihrer eigenen Antwort zu überzeugen, indem sie versuchen, die zugrundeliegenden Begründungen und ihre Gedankengänge zu erläutern. Der Dozent oder die Dozentin geht in dieser zwei- bis vierminütigen Diskussionsrunde durch die Reihen und stellt bei Bedarf Fragen, um die Gruppen beim Nachdenken und Argumentieren zu unterstützen.

Abschließend geben die Studierenden erneut ihre Antworten per Abstimmungssystem ein. Das gegenseitige Erklären bei nochmaligem Durchdenken der eigenen Argumentation führt oftmals zu einem Anstieg des Anteils richtiger Antworten. Ist dieser nun ausreichend hoch (über 70%), zeigt die Lehrkraft das Abstimmungsergebnis, gibt eine kurze zusammenfassende Erläuterung und geht zum nächsten Schwerpunkt über. Sollte dies nicht der Fall sein, erfolgen weitere detailliertere Erläuterungen und das Verständnis wird anschließend wiederholt überprüft. Eine ausführliche Beschreibung der Peer-Instruction-Methode einschließlich einer Schritt-für-Schritt-Anleitung und einer Sammlung von Beispielfragen finden Sie bei Mazur (2017).

Anfangs wurden zur Durchführung der Peer-Instruction-Methode vor allem hardwarebasierte *Clicker-Systeme* verwendet, um die Antworten der Studierenden drahtlos zu übermitteln. Sie kennen das vielleicht aus der Sendung „Wer wird Millionär“: Wählt der Kandidat oder die Kandidatin den Publikumsjoker, stimmt das Publikum im Saal mit Hilfe kleiner Geräte über die richtige Antwort ab. Bereits in den Achtzigerjahren gab es solche so genannten TED-Systeme (TED steht für Tele-Dialog) beispielsweise in der ZDF-Hitparade. Inzwischen existieren zahlreiche softwarebasierte Lösungen, die eine einfache Eingabe über eine Webanwendung mit dem eigenen Smartphone, Tablet oder Laptop ermöglichen. Exemplarisch hierfür soll nachfolgend das Tool *PINGO* vorgestellt werden.

PINGO

Das webbasierte Live-Feedbacksystem *PINGO* (Peer Instruction for very large groups) wurde 2011 an der Universität Paderborn speziell für die Anwendung der Peer-Instruction-Methode in großen Lehrveranstaltungen entwickelt. Auch hier ist eine Registrierung nur für die Bereitstellung der Fragen erforderlich. Studierende können diese mit ihren digitalen Endgeräten anonym beantworten. In der Basisversion kann eine beliebige Anzahl von Fragen erstellt und einer unbegrenzten Anzahl von Studierenden zur Verfügung gestellt werden. Die kostenpflichtige Version *PINGOplus* bietet darüber hinaus die Einbindung in das Lernmanagementsystem Moodle sowie die Möglichkeit von Funktions- und Designanpassungen, wie z.B. die Darstellung eines eigenen Logos oder die Anpassung an ein einheitliches Aussehen gemäß des Corporate Designs der Hochschule.

Vorgehen

PINGO bietet die Möglichkeit, Fragenkataloge anzulegen, aus denen Sie als Lehrperson im Anschluss Fragen für Ihre jeweiligen Umfrage-Sessions auswählen können. Die jeweilige Session für Ihre Umfrage legen Sie dabei separat an. Als Fragetypen stehen Ihnen Single- und Multiple-Choice-Fragen mit bis zu neun Antwortalternativen sowie Freitext- und numerische Fragen zur Verfügung. Sie können außerdem für jede Frage Schlagworte vergeben, um diese später schneller wiederfinden zu können. Zudem können Sie Umfragen mit wenigen Mausklicks auch spontan in jeder Session starten.

Nachdem Sie eine Umfrage gestartet haben, können Ihre Studierenden direkt per QR-Code oder über die Eingabe der Zugangsnummer unter https://pingo.coactum.de mit ihrem eigenen Endgerät (Smartphone, Tablet oder Laptop) anonym an der Umfrage teilnehmen. Die Umfrage endet entweder nach der voreingestellten Zeit oder kann auch durch Sie manuell beendet werden. Im Anschluss erscheint für Sie ein Balkendiagramm, das die Verteilung der Antworten zeigt und das Sie per Beamer oder Smartboard mit Ihren Studierenden teilen können.

PINGO Steckbrief

- Registrierung für Fragenerstellung notwendig
- anonyme Teilnahme per Zugangsnummer
- Basisversion kostenlos
- Single- und Multiple-Choice-Fragen mit bis zu 9 Antwortoptionen, Freitextfragen, numerische Fragen
- Erstellung von Fragenkatalogen und Verschlagwortung der Fragen
- Import/Export von Fragen
- Teilnehmendenzahl: unbegrenzt
- Alternative: Socrative (https://socrative.com)

Website: https://trypingo.com/de

4.2 Rückmeldungen über Lernprozesse erhalten

Oft besteht ein Unterschied zwischen dem, was gelehrt wird und dem, was gelernt wird. Spätestens bei der Prüfung erkennen Lehrende, wie hoch der Lernerfolg der Studierenden tatsächlich war und ob Transferleistungen mit dem bisher Gelernten erbracht werden können. Dann ist es für Anpassungen der eigenen Lehre für dieselbe Gruppe jedoch meist zu spät.

Neben den bisher dargestellten Möglichkeiten von Verständnisabfragen können Ihnen niedrigschwellige Möglichkeiten für Studierende, Fragen zu stellen oder Verständnisprobleme zu äußern, Aufschluss geben über den Lernfortschritt und mögliche Stolpersteine. Wenn Sie den Eindruck haben, dass Konzepte, Zusammenhänge o.Ä. unklar geblieben sind, sich aber niemand traut, vor der Gruppe zu sprechen, können Sie in kleinen Murmelrunden zur Formulierung von offenen Fragen anregen und diese dann im Plenum sammeln. Geben Sie den Studierenden dafür drei bis fünf Minuten Zeit, sich mit dem rechten (oder linken) Nachbarn über mögliche Fragen oder Verständnislücken auszutauschen, bevor Sie die Fragen im Plenum zusammentragen.

Auch kurze schriftliche Befragungen im Laufe des Semesters sind sehr gut dazu geeignet, Feedback einzuholen und festzustellen, ob die eigene Lehre bezüglich des Lernerfolgs wirksam ist. Angelo und Cross (1993) haben dafür bereits in den späten 1980er Jahren eine Reihe sogenannter *Classroom Assessment Techniques* (kurz: CATs) entwickelt. Das sind einfache, wenig aufwendige Rückmeldemethoden, mit denen Sie jederzeit Informationen über die Lernprozesse und den Lernfortschritt der Studierenden erhalten. Durch die häufige Aufforderung, das eigene Verstehen zu hinterfragen und Rückmeldung zu geben, werden die Studierenden zugleich stärker für ihre Verantwortung am Lernprozess sensibilisiert. Sie können zudem bei regelmäßiger Durchführung die Reflexion des eigenen Lernprozesses und auch ihrer Lernstrategien als dauerhaften Studienbegleiter internalisieren. Die meist anonymen Rückmeldungen lassen sich sowohl auf Papier als auch mit digitalen Tools einholen. Eine Auswertung der Einreichungen sollte den Studierenden in einer anonymisierten Form zurückgespiegelt werden. Bekannte CATs sind das Minutenpapier (auch One-Minute-Paper) oder Fragerunden, die auf das Verständnis von Prinzipien und Prozessen abzielen (Angelo & Cross, 1993). Fertige Vorlagen dafür hat die Arbeitsstelle Hochschuldidaktik der Universität Zürich erstellt (AfH o.D.).

4.2.1 Methode Muddiest Point | Beispieltool Socrative

Die Methode des *Muddiest Point* wurde von Dr. Frederick Mosteller (1989) entwickelt, einem bedeutenden Statistiker des 20. Jahrhunderts. Mehr als 40 Jahre lehrte er in Harvard Statistik und brachte diese im US-amerikanischen Fernsehen Anfang der 1960er Jahre mit großer Resonanz auch interessierten Laien näher. Die Methode ist einfach, schnell durchzuführen und dabei sehr wirkungsvoll. Am Ende einer Lehrveranstaltung oder auch eines inhaltlichen Abschnitts bitten Sie die Studierenden, den für sie „schwammigsten" (also noch unklaren) Punkt zu formulieren. Wenn es thematisch passt, können Sie zusätzlich erfragen, worüber die Studierenden gern mehr erfahren würden. Das schafft einen positiven Abschluss und verhindert, dass die Erkenntnis, was alles nicht verstanden wurde, zu hinderlichen Frustrationen führt.

Die Methode regt insgesamt dazu an, die Inhalte und deren Zusammenhänge noch einmal aus einer anderen Perspektive zu betrachten. Wenn sie regelmäßig durchgeführt wird, steigert sie durch das Wissen um die abschließende(n) Frage(n) die Aufmerksamkeit der Studierenden bereits während der Veranstaltung und schafft atmosphärisch den Raum für frühe Verständnisfragen. Sie selbst erhalten wertvolle Hinweise dazu, was den Studierenden besonders schwerfällt und welche Inhalte noch vertieft oder bei der nächsten Veranstaltung anders dargestellt werden sollten. Die Durchführung nimmt ungefähr fünf bis zehn Minuten in Anspruch. Digitale Tools eignen sich aus mehreren Gründen dafür: Die anonyme Durchführung ist sehr einfach und Sie können die Ergebnisse bei Bedarf in der Folgeveranstaltung noch einmal übersichtlich zeigen. Wenn Sie sich für ein Tool entscheiden, das Ihre Fragen und die Antworten archiviert, können Sie außerdem im nächsten Semester nochmal auf die früheren Ergebnisse zurückblicken.

Socrative

Socrative ist eine Web-App der kanadischen Firma Showbie Inc., die sich vor allem durch ihre hohe Anpassungsfähigkeit auszeichnet: Ob Sie ein Quiz anonym oder mit Namensanzeige durchführen möchten, Studierende gleich sehen sollen, ob ihre Antwort richtig war oder erst später, ob sie allein zur nächsten Frage springen können oder ob Sie das steuern – all das lässt sich einstellen und macht das Tool sehr flexibel. Lehrende müssen sich für die Nutzung registrieren. Die Teilnahme an einer Umfrage erfolgt für Studierende wiederum anonym und ohne Anmeldung via Web-App. In der Basisversion können bis zu 50 Studierende teilnehmen. In *Socrative* können Sie Ihre Fragen vorbereiten oder auch eine spontane Abfrage in der Lehrveranstaltung durchführen.

Vorgehen
Überlegen Sie vorab, zu welchem Teil Ihrer Lehrveranstaltung Sie eine Rückmeldung haben möchten. Das kann die ganze Veranstaltung sein, aber auch nur ein Teil, wie z.B. eine bestimmte Aufgabe, eine Diskussion oder ein inhaltlicher Baustein. Formulieren Sie dazu den Auftrag an die Studierenden, den Aspekt zu notieren, der ihnen immer noch unklar ist. Wenn es inhaltlich passt, können Sie im Anschluss erfragen, wozu die Studierenden gern mehr erfahren möchten. Behalten Sie dabei aber im Hinterkopf, dass Sie die Wünsche zwar nicht alle erfüllen müssen, aber sie dennoch aufgreifen und in geeigneter Weise einfließen lassen sollten. Erstellen Sie anschließend in *Socrative* ein neues Quiz. Wählen Sie als Fragentyp „Short Answer" aus und tragen Sie Ihre Frage(n) ein. Vergeben Sie anschließend noch einen passenden Raumnamen. Im Gegensatz zu anderen Tools verwendet *Socrative* kein sitzungsspezifisches Passwort, sondern immer den gleichen „Raum", bildlich angelehnt an den Klassenraum, in den Schülerinnen und Schüler jeden Tag kommen. Sie können den Namen unter „Rooms" jederzeit ändern.

In der Veranstaltung starten Sie die Abfrage über „Launch > Quiz." Nach der Auswahl Ihrer vorbereiteten Fragen, können Sie diverse Einstellungen vornehmen. Wählen Sie „Instant Feedback" aus, damit die Studierenden automatisch zur nächsten Frage kommen. Da es keine richtigen oder falschen Antworten gibt, die Sie vorab definiert haben, erhalten die Studierenden auch kein

Feedback, wie es der Titel suggeriert. Im nächsten Schritt schalten Sie alle weiteren Optionen aus, sie werden hier nicht benötigt. Die Studierenden können dann über https://b.socrative.com/login/student und den Raumnamen auf die Fragen zugreifen und diese mit ihrem Smartphone, Tablet oder Laptop beantworten. Sie selbst können die Ergebnisse nach der Veranstaltung unter „Reports" einsehen und sich diese bei Bedarf als Excel-Tabelle herunterladen. Alle Umfragen werden dauerhaft archiviert, so dass Sie diese Übersicht z.B. auch für die Zusammenfassung der Ergebnisse in der Folgeveranstaltung oder im kommenden Semester für Ihre Vorbereitungen nutzen können.

Socrative Steckbrief

- Registrierung für Fragenerstellung notwendig
- anonyme Teilnahme per Zugangsnummer
- Basisversion kostenlos
- Multiple Choice, Freitexteingabe, Space Race (visuelle Darstellung der Teilnehmenden als kleine Raketen, die zum Mond fliegen; richtige Quizantworten geben Schub!)
- Einbindung von Grafiken in Fragen möglich
- sehr gute Einstellmöglichkeiten (Anonymität, Feedback auf Fragen, Navigation innerhalb von Frageblöcken usw.)
- Teilnehmendenzahl: 50 (freie Version), 150 (Edu-Lizenz)
- Alternative: Mentimeter (https://mentimeter.com)

Website: https://www.socrative.com

4.2.2 Methode Fragensammlung | Beispieltool frag.jetzt

Nicht alle Studierenden trauen sich vor einer größeren Gruppe, Fragen zu einem Vortrag zu stellen. Oft melden sich nur wenige zu Wort, auch wenn Lehrende aktiv darauf hinweisen, Verständnisfragen gleich klären zu wollen. Wird nur am Ende einer Vorlesung Zeit für Rückfragen eingeräumt, werden einige unklar gebliebene Zusammenhänge bei den Lernenden durch neue überlagert und frühere Fragen oder Unklarheiten geraten in Vergessenheit. Daher ist es wichtig, schon zu einem frühen Zeitpunkt in der Lehrveranstaltung die Studierenden aufzufordern, unklar Gebliebenes in Form von Fragen zu formulieren. Anonyme Fragetools senken deutlich die Hemmschwelle von Studierenden, Fragen zu stellen – eben da sie anonym sind – und bieten zugleich Ihnen als Lehrperson die Möglichkeit, zu jedem beliebigen Zeitpunkt Fragen einzuholen. Wenn Sie zu Beginn Ihres Vortrags eine Online-Fragesession eröffnen, können Sie z.B. an einer inhaltlich passenden Stelle oder am Ende auf diese Frageliste zurückkommen. Wenn Sie zwischendurch eine Phase haben, in der die Studierenden allein oder in der Gruppe Aufgaben bearbeiten, können Sie die Zeit nutzen, um die Fragen zu sichten und zu sortieren.

Die Erfahrung zeigt, dass die Nutzung von Tools, in denen die Fragen immer für alle sichtbar sind, oft zu unangemessenen Inhalten führen wie Obszönitäten, Aufrufen zu politischen Demonstrationen usw. Außerdem stellt gerade das Smartphone dann auch eine große Ablenkungsquelle dar. Nutzen Sie daher am besten moderierte Listen, bei denen nur Sie die Fragen sehen und ggf. manuell für alle freischalten können. Falls Sie in einer Lehrveranstaltung Unterstützung haben, kann auch eine andere Person diese Moderationsfunktion übernehmen. Wenn Sie auf die gestellten Fragen eingehen und noch einige offen bleiben, dann können Sie diese im Anschluss auch auf Ihrer Lernplattform beantworten oder die Liste für die Vorbereitung auf die kommende Veranstaltung nutzen. Diese Möglichkeit lässt sich auch zu einem weiteren Format abwandeln: Anstatt die Fragen live zu sammeln, können Sie auch am Ende einer Vorlesung eine Frage-Session erstellen, in der die Studierenden zu Hause, ggf. in Verbindung mit einer Hausaufgabe, offene Fragen eintragen können, deren Beantwortung Sie dann für das nächste Treffen in Aussicht stellen.

frag.jetzt

frag.jetzt wurde von den Entwicklern einer anderen bekannten Quiz-App (ARSnova) programmiert und vom Land Hessen im Rahmen des HMWK-Verbundprojekts „Digital gestütztes Lehren und Lernen in Hessen“ (digLL) gefördert. Es zielt speziell auf die Anwendung im Hochschulkontext ab und ist gleichermaßen niedrigschwellig wie benutzerfreundlich.

Die Hauptfunktion, schnell und einfach Fragen zu stellen, wurde dabei noch um einige Funktionen erweitert: Ein Rollenkonzept ermöglicht es, weitere Personen zu Moderator*innen zu machen, die Fragen nicht nur sortieren, sondern auch bejahen, verneinen und kommentieren können. Diese Funktion könnten auch ausgewählte Studierende übernehmen. Studierende können sonst keine Kommentare schreiben, um die Ablenkungsgefahr zu verringern. Weiterhin können Lehrende Kategorien für Fragen definieren, in die Studierende dann ihre Fragen sortieren können. Das erlaubt später ein schnelleres Sichten durch eine Filterfunktion.

Vorgehen
In der einfachen Variante ohne zusätzliche Moderation ist keine Anmeldung für dieses Tool erforderlich. Erstellen Sie vor der Veranstaltung oder live unter https://frag.jetzt eine neue Sitzung und passen Sie diese über das Einstellungsmenü (Zahnradsymbol) an: Unter „Fragen" können Sie entscheiden, ob diese sofort sichtbar sein sollen oder erst nach Ihrer Sichtung (Moderation). Bei der moderierten Variante können Sie später passende oder besonders wichtige Fragen manuell für alle sichtbar machen. Auch in den Einstellungen können Sie, wenn Sie viele Fragen erwarten, Kategorien (hier: Tags) vergeben, um sie später schneller filtern zu können.

Teilen Sie die Session anschließend via QR-Code oder Zahlenschlüssel mit Ihren Studierenden und verbinden Sie das gleich mit der konkreten Aufforderung, wirklich alle aufkommenden Fragen zu stellen. Weisen Sie außerdem auf die Anonymität hin und teilen Sie Ihren Studierenden mit, wann Sie Zeit für die Beantwortung eingeplant haben. Zur Sichtung der Fragen nutzen Sie am besten eine kurze Pause oder eine Einzel- bzw. Gruppenarbeitsphase. Im Bereich „Moderation" finden Sie alle gestellten Fragen, die Sie mit dem kleinen Auktionshammer in den öffentlichen Bereich verschieben können. Dann sind diese für alle Studierenden sofort sichtbar und können von ihnen auf- oder abgewertet werden. So entsteht eine neue Reihenfolge nach der Wichtigkeit aus Sicht der Studierenden. Wenn Sie das nicht möchten, können Sie auch im Moderationsbereich unpassende Fragen löschen und diesen für die Präsentation verwenden. Für die Beantwortung der Fragen können Sie den „Fragen-Fokus" nutzen, mit dem Sie in der Vollbildansicht ablenkungsfrei durch die Liste gehen.

frag.jetzt Steckbrief

- Registrierung seitens der Lehrenden nicht notwendig, aber erforderlich für einige Zusatzfunktionen wie moderierte Fragelisten und Historie
- anonyme Teilnahme per Zugangsnummer
- Studierende können Fragen erstellen und andere up- und downvoten
- moderierte und offene Fragelisten möglich
- Sessions auch nach der Veranstaltung beliebig lange zugänglich
- Fragenexport via Excel möglich
- kostenlose Open-Source-Software, deckt relevante Barrierefreiheitsstandards ab
- Alternativen: tweedback (https://tweedback.de), slido (https://www.sli.do), Pigeonhole Live (https://pigeonhole.at)

Website: https://frag.jetzt/home

4.3 Kollaboratives Arbeiten unterstützen

Insbesondere kleinere Lehrveranstaltungen wie Seminare mit weniger als 30 Teilnehmenden leben von interaktiven Methoden, die das gemeinsame Erarbeiten von Inhalten und den Diskurs zwischen Lehrenden und Studierenden und den Studierenden untereinander fördern. Die Studierenden selbst aktiv werden zu lassen, trägt nicht nur zu deren besserem Verständnis der Lerninhalte bei, sondern unterstützt zudem ihren nachhaltigen Erwerb neuen Wissens und neuer Kompetenzen. Ob in Kleingruppen oder im Plenum, der kreative Austausch und eine gewinnbringende Zusammenarbeit lassen sich auf vielfältige Weise anregen. Auch hierbei können digitale Tools helfen, die jeweiligen Lehr- und Lernmethoden zu unterstützen. Darüber hinaus sind die Arbeitsergebnisse durch das elektronische Format meist schnell und einfach zu sichern. Wir möchten Ihnen hier anhand ausgewählter Methoden exemplarisch Anwendungen vorstellen, die Sie unkompliziert in den Seminarablauf integrieren können.

4.3.1 Methode Brainstorming | Beispieltool Padlet

Die Methode des Brainstormings wurde in den 1930ern von dem US-amerikanischen Werbefachmann Alex Osborn ersonnen und von ihm 1942 erstmals in dem Buch „How to think up" veröffentlicht (Osborn, 1942). Sein Ziel war es, eine Technik zu entwickeln, die Kreativität in Gruppen beim gemeinsamen Finden von Ideen und der Lösung von Problemen fördert und damit solche Gruppenprozesse produktiver macht. Grundidee dabei ist, in einem festgelegten Zeitrahmen möglichst viele Ideen oder Lösungsansätze spontan zu einem vorgegebenen Problem oder einer Fragestellung zusammenzutragen. Der Prozess des Brainstormings läuft dabei in fünf Phasen ab: Fragenformulierung, Ideensammlung, Sortierung, Bewertung, Nachbereitung.

Für die Phase der Ideensammlung hat Osborn (a.a.O.) vier Grundregeln formuliert, deren Einhaltung ein wichtiger Faktor für das Gelingen des Brainstormingprozesses ist:

1. *Setzen Sie auf große Mengen von Ideen!* Dabei geht zunächst Quantität vor Qualität, die Ideen sollen möglichst spontan geäußert werden und müssen keineswegs perfekt sein. Der Kreativitätsprozess wird im besten Fall nicht durch die Angst, sich zu blamieren oder keine „guten" Ideen zu haben, gestört. Das bietet die Chance, im Verlauf des Brainstormings anfangs möglicherweise unsinnig erscheinende Ideen weiterzuentwickeln oder daraus ganz neue Lösungsansätze zu kreieren.
2. *Üben Sie keine Kritik!* Während der Ideenfindung werden die Beiträge der anderen weder bewertet noch in irgendeiner Art kommentiert. Dies schließt neben verbalen Äußerungen auch nonverbale mit ein. Jede Idee muss wertfrei geäußert werden dürfen.
3. *Bauen Sie auf den Ideen der anderen auf!* Während das Kommentieren oder Kritisieren anderer Ideen verboten ist, ist das Aufgreifen, Kombinieren und Weiterentwickeln dieser Ideen ausdrücklich erwünscht. Sich gegenseitig inspirieren zu lassen, ist ein wesentlicher Baustein dieser Kreativitätstechnik.
4. *Ermutigen Sie zu wilden und übertriebenen Ideen!* Beim Brainstorming ist Querdenken, Phantasieren, vom Thema abkommen und „Herumspinnen" ebenfalls unbedingt erlaubt. Ideen

dürfen dabei auch abwegig oder verrückt sein. Das erweitert nicht nur den Ideenpool, sondern kann unter Umständen auch bei jemand anderem einen „Geistesblitz“ auslösen.

Nach Abschluss der Ideenfindung sollten Sie die Beiträge sinnvoll ordnen. Hier kann es hilfreich sein, Kategorien oder Überbegriffe zu finden, welche die Sortierung erleichtern. Erst danach geht es daran, die Ideen zu bewerten. Dabei können Sie über die besten Ideen abstimmen oder auch abstruse oder nicht umsetzbare aussortieren lassen. Im Zuge der Nachbereitung sollte dann entschieden werden, welche Ideen oder Lösungsansätzen weiterverfolgt werden sollen. Eine gute Sammlung von Kreativitätstechniken wie Brainstorming und weiteren Methoden der Gruppenarbeit finden Sie z.B. bei Baumann und Gordalla (2014).

Padlet

Für das Sammeln und Visualisieren der Ideen während des Brainstormings bietet sich die Kartenabfrage an. Dabei schreiben die Teilnehmenden ihre Ideen stichpunktartig auf Kärtchen und pinnen sie an eine Moderationswand. Die Ideensammlung kann ebenso per Zuruf erfolgen, wobei dann die moderierende oder eine weitere Person an eine Moderationswand pinnt. Eine solche Pinnwand können Sie auch beispielsweise über die Plattform *Padlet* in digitaler Form nutzen. Dies hat den Vorteil, dass die Studierenden Kärtchen direkt über ihre digitalen Endgeräte (Smartphone, Tablet oder Laptop) an die Pinnwand schicken und so auch schneller die Ideen der anderen aufgreifen können.

Vorgehen
Für die Erstellung einer digitalen Pinnwand müssen Sie sich bei *Padlet* registrieren. Nach dem Einloggen können Sie mit wenigen Mausklicks eine Wand kreieren, wobei Ihnen hierfür verschiedene Vorlagen zur Auswahl stehen. Für ein Brainstorming bietet sich die Vorlage „Leinwand“ an. Auf dieser können Sie Kärtchen nicht nur frei verschieben, sondern auch untereinander verbinden. Sobald die Pinnwand angelegt ist, können alle, denen Sie den Link dorthin zur Verfügung stellen, selbst Kärtchen erstellen. Zusätzlich besteht auch die Möglichkeit, einen QR-Code erstellen zu lassen, über den die Studierenden mit Ihrem Smartphone noch schneller Zugang erhalten.

Kärtchen lassen sich mit einem Klick auf das „+“ am unteren rechten Bildschirmrand oder durch einen Doppelklick auf eine beliebige Stelle der Pinnwand erstellen und im Anschluss nach Bedarf verschieben und so später sortieren. Für die Bewertungsphase haben Sie die Möglichkeit, in den Einstellungen (Zahnrad am rechten oberen Bildschirmrand) die Funktion „Reaktionen“ zu aktivieren. Wählen Sie z.B. die Option „Abstimmen“ aus, können die Studierenden per „Daumen hoch“ oder „Daumen runter“ zustimmend oder ablehnend auf die einzelnen Beiträge reagieren. So erhält die Gruppe schnell einen Überblick über die von der Mehrheit favorisierten oder verworfenen, aber auch über kontroverse Ideen.

Padlet Steckbrief

- Registrierung für Pinnwand-Erstellung notwendig
- anonyme Teilnahme per Weblink oder QR-Code
- Basisversion kostenlos (bis zu vier Pinnwände)
- verschiedene Vorlagen zur Auswahl
- Export der Ergebnisse als Bild, pdf- oder csv-Datei
- Teilnehmendenzahl: unbegrenzt
- Alternative: Pinup (https://pinup.com)

Website: https://padlet.com

4.3.2 Methode Think-Pair-Share | Beispieltool ONCOO

Einen weiteren Ansatz, kollaboratives Arbeiten zu unterstützen, bietet die Methode *Think-Pair-Share*. Hierbei wird eine vorgegebene Fragestellung von den Studierenden zunächst allein bearbeitet. Danach tauschen sie sich paarweise über ihre Lösungsansätze aus und teilen anschließend ihre Arbeitsergebnisse im Plenum. Kernidee der Methode, die vom US-amerikanischen Pädagogen Frank Lyman (1981) entwickelt wurde, ist es – im Gegensatz zum Brainstorming – über den Weg der individuellen und dann paarweisen Auseinandersetzung mit einer Problemstellung zu einer ebenfalls großen Bandbreite an Lösungsansätzen zu kommen. Neben der Ideenfindung kann diese Methode außerdem auch gut für die Erarbeitung von Lerninhalten angewendet werden. Durch die zunächst eigene Erarbeitung und den anschließenden Austausch mit Peers ermöglicht dies den Studierenden eine bessere Durchdringung der Wissensinhalte.

Zur Durchführung der Think-Pair-Share-Methode formulieren Sie im ersten Schritt die Aufgaben- oder Fragestellung und legen den Zeitrahmen für die einzelnen Phasen fest. Für die jeweiligen Arbeitsphasen sollten Sie in etwa 5 bis 10 Minuten veranschlagen. In der Regel reichen für die Einzelarbeit wenige Minuten, hingegen die Vorstellung im Plenum durchaus deutlich mehr Zeit in Anspruch nehmen kann. Zu Beginn der Arbeitsphase bitten Sie nun die Studierenden, sich zunächst allein mit der Aufgabenstellung und dem ggf. bereitgestellten Begleitmaterial zu beschäftigen und sich dazu einige Notizen zu machen. Danach sollen sich die Studierenden paarweise über ihre Arbeitsergebnisse und Lösungsansätze austauschen und hierbei auch Gelegenheit haben, Wissens- und Verstehenslücken zu schließen. Abschließend wird die Quintessenz der Paargruppenarbeit im Plenum vorgestellt und bei Bedarf diskutiert (in Großgruppen werden einige Paare gebeten, ihre Erarbeitung exemplarisch vorzustellen). Bei größeren Gruppen bietet es sich zudem an, zwischen die Paararbeit und die Plenumsrunde noch eine weitere Phase einzuschieben, in der sich jeweils zwei Paare zu Vierergruppen zusammenfinden, um sich über ihre Arbeitsergebnisse auszutauschen. Wie Sie die Methode des Think-Pair-Share nicht nur anwenden, sondern zum Grundstock eines kooperativen Lehrkonzepts machen können, beschreiben Brüning und Saum (2015) in ihrem Buch zum kooperativen Lernen, das zwar auf den Schulunterricht fokussiert, aber ebenso für die Hochschullehre wertvolle Anregungen liefert.

ONCOO

Für die Dokumentation und Visualisierung der Arbeitsphasenergebnisse während einer solchen Think-Pair-Share-Session können konventionelle Metaplanwände, aber ebenso auch digitale Kärtchen-Abfrage-Tools genutzt werden. *ONCOO* ist solch ein Tool, dass es nicht nur ermöglicht, Kärtchen an eine zentrale digitale Pinnwand zu senden. Diese können auch vorab, z.B. innerhalb einer Paar- oder Gruppenarbeit, zunächst gesammelt und dem Plenum erst in einem zweiten Schritt zur Verfügung gestellt werden. *ONCOO* ist ursprünglich für ein Fachseminar Informatik am Studienseminar für das Lehramt an berufsbildenden Schulen in

Osnabrück entwickelt und erprobt worden. Es bietet neben dem Karten-Abfrage-Tool noch weitere Werkzeuge zur Unterstützung kooperativen Lernens wie beispielsweise eine digitale Umsetzung der Placemat-Methode.

Vorgehen

Eine *ONCOO*-Pinnwand lässt sich ohne weitere Registrierung erstellen, wobei beim Anlegen ein Passwort vergeben werden kann, um die späteren Editierrechte für die Studierenden einzuschränken. So können Sie sicherstellen, dass die Studierenden beispielweise nicht versehentlich Kärtchen der anderen löschen. Nach dem Erstellen einer Pinnwand erhalten Sie einen Link und einen QR-Code, über den die Studierenden mit ihren digitalen Endgeräten teilnehmen können. Der Link besteht aus der Webadresse https://www.oncoo.de sowie einem vierstelligen Zugangscode. So kann die Pinnwand auch über den Aufruf der Webseite und anschließende Eingabe des Codes erreicht werden.

Nun können die Studierenden im ersten Schritt Karten beschriften und zunächst auf einem internen Stapel sammeln. Dies bietet sich für die Phase der Paararbeit ebenso wie für den Austausch in Vierergruppen an. Erst in der Plenumsphase schicken die einzelnen Paare oder Kleingruppen ihre Kärtchen dann an die zentrale Pinnwand, um sie mit den anderen Studierenden zu teilen. Die gesamte Pinnwand kann abschließend von Ihnen zur Sicherung der Arbeitsergebnisse als Bild exportiert und an die Studierenden weitergegeben werden.

ONCOO Steckbrief

- keine Registrierung notwendig
- anonyme Teilnahme per Weblink oder QR-Code
- komplett kostenlos
- Anlegen von Kartenstapeln möglich
- Export als Bild
- Teilnehmendenzahl: unbegrenzt
- Alternative: Padlet (https://padlet.com)

Website: https://oncoo.de

4.3.3 Methode Kopfstand | Beispieltool Miro

Eine andere Methode, kollaborative Ideenfindungs- und Problemlöseprozesse zu unterstützen, bietet die so genannte Kopfstandtechnik. Sie geht auf den britischen Kognitionswissenschaftler Edward de Bono (1967, 1996) zurück, der neben dieser noch verschiedene weitere Kreativitätstechniken entwickelt hat, mit denen es leichter fallen soll, sich aus linearen Denkmustern zu lösen (wie z.B. die Kreativitätstechnik der Denkhüte, vgl. de Bono, 1999). Grundprinzip der Kopfstandmethode ist eine Umkehrung der ursprünglichen Frage- oder Aufgabenstellung, in dem man diese - im wahrsten Sinne des Wortes - auf den Kopf stellt. Dahinter steht die Idee, dass es vielen Menschen leichter fällt, negative Aspekte eines Sachverhalts zu benennen als spontan kreative und konstruktive Lösungen zu entwickeln.

Das Vorgehen dabei ist denkbar einfach: Zunächst wird die eigentliche Problemstellung formuliert und in einem zweiten Schritt umgekehrt. Wollen Sie beispielsweise die Gestaltung eines Lernvideos erarbeiten lassen, dass möglichst effektiv den Lernprozess unterstützt, konfrontieren Sie Ihre Studierenden nun mit der Frage, wie solch ein Video aussehen müsste, damit es das erfolgreiche Lernen am besten verhindert. Im weiteren Verlauf werden nun Lösungen für die diese umgekehrte Fragestellung zusammengetragen. Dieser Prozess kann nach den Prinzipien der Brainstorming-Methode ablaufen (siehe Kap. 4.3.1). Danach werden zu allen Lösungsideen entsprechende positive Entsprechungen gesucht. Je nach Aufgabenstellung kann es im Anschluss mitunter hilfreich sein, die so entstandene Ideensammlung nach Kategorien zu sortieren, um das Arbeitsergebnis übersichtlicher zu gestalten. Planen Sie hierfür ausreichend Zeit ein. Weitere Hinweise zur Kopfstandtechnik und verwandter Methoden bieten Baumann und Gordalla (2014) in ihrem Buch zur Gruppenarbeit.

Miro

Im Gegensatz zu den schon vorgestellten Kartenabfragetools gibt es auf der kollaborativ nutzbaren Online-Whiteboard-Plattform *Miro* bereits eine entsprechende Vorlage für die Kopfstandmethode. Außerdem bietet das 2011 ursprünglich für die Zusammenarbeit in Teams entwickelte Tool zahlreiche weitere Vorlagen für verschiedenste Einsatzszenarien. Um Whiteboards anlegen und bereitstellen zu können, ist eine Registrierung notwendig. Neben der freien Basisversion mit maximal drei nutzbaren Boards bietet *Miro* allerdings eine ebenfalls kostenlose Version für die Nutzung an Bildungseinrichtungen. Dazu muss eine Bescheinigung der (Hoch-)Schulzugehörigkeit sowie ein Nachweis darüber, dass die Bildungseinrichtung staatlich anerkannt ist, eingereicht werden.

Vorgehen

Bei der Erstellung eines neuen Whiteboards können Sie die für die Kopfstandmethode passende Vorlage „Reverse Brainstorming" auswählen und beliebig anpassen. Bei Bedarf steht es Ihnen aber auch frei, eine andere Vorlage zu verwenden oder eine eigene zu erstellen. Die Studierenden können im Anschluss mit ihren digitalen Endgeräten anonym über den entsprechenden Weblink am Whiteboard mitarbeiten.

Die Gestaltung der Boards bietet viele Freiheiten: So lassen sich durch die Auswahl der entsprechenden Funktion auf der Zeichensymbolleiste am linken Bildschirmrand nicht nur Kärtchen hinzufügen, sondern ebenso freie Texteinträge, Kommentare, Formen und Pfeile. Außerdem können die einzelnen Elemente beliebig verschoben und in ihrer Größe angepasst werden, wobei sich die Größe des jeweiligen Textinhaltes dynamisch anpasst. Sie können die Elemente außerdem kopieren, gruppieren und bei Bedarf ausrichten. Die Kärtchen lassen sich zudem mit Schlagworten und Emojis versehen und so bewerten. Vergeben verschiedene Personen das gleiche Emoji (z.B. „Daumen hoch"), so wird dessen Anzahl am linken unteren Kartenrand angezeigt. So können die von der Mehrheit favorisierten Ideen schnell identifiziert werden. Zur Ergebnissicherung kann das Board von Ihnen wahlweise als Bild, pdf oder auch als csv-Datei exportiert werden, so dass Sie die Arbeitsergebnisse an Ihre Studierenden weitergeben können.

Miro Steckbrief

- Registrierung für Whiteboard-Erstellung notwendig
- anonyme Teilnahme per Weblink
- Education-Version kostenlos
- zahlreiche Vorlagen zur Auswahl
- Export der Ergebnisse als Bild, pdf- oder csv-Datei
- Teilnehmendenzahl: max. 100
- Alternativen: Flinga (https://flinga.fi), Collaboard Edu (https://edu.collaboard.app)

Website: https://miro.com/education

4.4 Feedback einholen

Gerade in kleineren Lehrveranstaltungen mit nur wenigen Teilnehmenden kann es mitunter schwierig werden, eine quantitative Evaluation in Form eines typischen Fragebogens, wie er in vielen Hochschulen analog oder digital zentral zur Verfügung gestellt wird, sinnvoll zu interpretieren. Eventuell möchten Sie aber auch zusätzlich zu den vorgegebenen Standardfragen am Ende Ihrer Lehrveranstaltung oder auch zwischendurch ein Stimmungsbild einholen. Regelmäßige veranstaltungsbegleitende Feedbackrunden bieten Gelegenheit, besser auf die Bedürfnisse Ihrer Studierenden eingehen und Ihre Veranstaltung ggf. inhaltlich, aber auch hinsichtlich der Rahmenbedingungen anpassen zu können. Das kann beispielsweise Abstimmungen hinsichtlich Art der Aufgabenabgabe, die Ausgestaltung interaktiver Elemente in Ihrer Lehrveranstaltung oder auch die Einbindung von Onlinephasen umfassen. Wir möchten Ihnen nachfolgend zwei ausgewählte Feedbackmethoden vorstellen, die sich schnell und unkompliziert in Ihre Lehrveranstaltung integrieren lassen. Außerdem zeigen wir Ihnen anhand zweier Beispieltools, wie die digitale Umsetzung in der Praxis aussehen kann.

4.4.1 Methode Zielscheibe | Beispieltool Mentimeter

Eine flexibel einsetzbare Feedbackmethode, die zudem eine direkte Visualisierung der Antworten ermöglicht, bietet Ihnen die so genannte Evaluations- oder Feedback-Zielscheibe. Sie können damit beliebige Aspekte Ihrer Lehrveranstaltung mittels einer Punkte- oder Notenvergabe von den Studierenden bewerten lassen. Dazu erstellen Sie eine Zielscheibe mit drei bis acht Segmenten, entsprechend der Anzahl der Aspekte, die Sie erfragen möchten. Mögliche Segmente hierbei könnten beispielsweise sein:

- Didaktische Gestaltung
- Relevanz der Themen
- Übertragbarkeit der Inhalte
- Rahmenbedingungen der Veranstaltung
- Gruppenklima / Zusammenarbeit
- Persönlicher Lernerfolg
- Motivation

Bitten Sie nun die Studierenden, die einzelnen Aspekte zu beurteilen, indem sie diese auf der Zielscheibe kennzeichnen. Die Markierung kann in der analogen Variante der Zielscheibe, also beispielsweise auf einem Flipchart mit Stiften oder Klebepunkten erfolgen. Je besser die Bewertung eines Aspekts, desto näher wird der entsprechende Punkt zur Mitte gesetzt. Für die digitale Umsetzung ist es sinnvoll, eine fünf- oder sechsstufige Skala vorzugeben, die die Bewertung über ein digitales Endgerät ermöglicht. Dazu erhält die Zielscheibe zusätzlich zu den Segmenten die entsprechende Anzahl von ineinander liegenden Ringen, die den jeweiligen Skalenwerten zugeordnet sind.

Mentimeter

Mit der interaktiven webbasierten Präsentationssoftware *Mentimeter* können Sie eine solche Evaluations-Zielscheibe auch digital umsetzen. Das Prinzip der Anwendung besteht in der Erstellung einer Bildschirmpräsentation, bei der Sie auf den einzelnen Folien statische, aber auch interaktive Inhalte bereitstellen können. Allerdings ist die Anzahl der Folien in der kostenlosen Basisversion auf drei Folien beschränkt.

Vorgehen

Für die Erstellung einer Präsentation müssen Sie sich bei *Mentimeter* registrieren. Nachdem Sie eine Präsentation angelegt haben, können Sie für die erste Folie eine entsprechende Vorlage auswählen. Wählen Sie hier „Scales" und dann „Spider Chart" aus. Nun können Sie eine übergeordnete Frage sowie die entsprechenden Kategorien eintragen. Beachten Sie, dass Sie sich bei der Bezeichnung der Skalenendwerte am Schulnotensystem orientieren und bei „Custom low label" beispielsweise „sehr gut" und bei „Custom high label" „ungenügend" eingeben. Nur so werden die Markierungen entsprechend dem Zielscheibenprinzip gesetzt.

Über „Present" können Sie Ihre Präsentation und somit die Umfrage starten. Ihren Studierenden wird die Webadresse https://www.menti.com sowie der entsprechende Zugangscode angezeigt, über den sie mit ihren digitalen Endgeräten (Smartphone, Tablet oder Laptop) ihre Einschätzungen abgegeben können. Der Zugang ist ebenfalls über das Einscannen eines QR-Codes möglich. Die Ergebnisse werden in Echtzeit auf der Präsentation angezeigt. Sie lassen sich außerdem anschließend als Bild, pdf oder Excel-Datei speichern und dann für eine weitere Befragung zu einem späteren Zeitpunkt zurücksetzen.

Mentimeter Steckbrief

- Registrierung für Erstellung der Zielscheibe notwendig
- anonyme Teilnahme per Zugangscode
- Basisversion kostenlos (bis zu drei Folien pro Präsentation)
- weitere Funktionen wie Multiple-Choice-Fragen, Wortwolken, Skalenabfragen, Frage- und Antwortrunden, Rankings
- Export als Screenshot, pdf oder Excel-Datei
- Teilnehmendenzahl: unbegrenzt
- Alternative: ONCOO (https://oncoo.de)

Website: https://mentimeter.com

4.4.2 Methode Blitzlicht | Beispieltool tweedback

Eine weitere Methode, mit der Sie schnell und unkompliziert Feedback von Ihren Studierenden einholen können, ist das Blitzlicht. Diese Methode eignet sich am besten zum Einholen eines kurzen Stimmungs- oder Meinungsbildes, wobei ein wesentliches Merkmal die Kürze der Wortbeiträge ist. Jede Person äußert sich in ein bis zwei Sätzen zu einer vorgegebenen Frage. Kommentare oder Bewertungen anderer sind nicht erlaubt, lediglich Verständnisfragen dürfen gestellt werden. Sie können diese Methode nicht nur zum Ende einer Lerneinheit einsetzen. Sie lässt sich ebenso nutzen, um zwischendurch oder zu Beginn eines neuen Themenabschnitts die aktuelle Stimmung abzufragen, Einstellungen und Interessen zu einem bestimmten Thema zu erfahren oder Verständnisschwierigkeiten zu thematisieren. Dadurch sind Sie besser in der Lage, auf die aktuellen Bedürfnisse der Gruppe einzugehen und mögliche Brennpunkte frühzeitig zu erkennen.

tweedback

Kurzfeedbacks im Rahmen der Blitzlichtmethode lassen sich auch gut auf digitalem Wege einholen. Eine sehr einfache Möglichkeit der Umsetzung bietet das Feedbacktool *tweedback*, das ursprünglich an der Universität Rostock entwickelt wurde.

Vorgehen
Eine Session lässt sich ohne vorherige Registrierung starten und über die integrierte Chatwall für die Durchführung eines Blitzlichts nutzen. Dazu formulieren Sie nach dem Starten einer neuen Session Ihre Frage in dem dafür vorgesehenen Textfeld und bitten die Studierenden, über ihre digitalen Endgeräte unter https://tweedback.de nach Eingabe der Session-ID ein kurzes Statement abzugeben. Die Beiträge erscheinen nach dem Absenden für alle sichtbar auf der Chatwall, wobei die Anzeigenamen anonym sind. Die Länge der einzelnen Beiträge ist auf 300 Zeichen begrenzt. Damit ist sichergestellt, dass die Antworten entsprechend kurzgehalten werden. Über die Posts kann zudem abgestimmt werden, womit sich *tweedback* auch für andere Einsatzszenarien eignet. Neben der Chatwall verfügt *tweedback* außerdem auch über die Möglichkeit, Quizfragen zu erstellen. Schließ-

lich können die Studierenden über so genannte Panikbuttons z.B. während eines Vortrags unter anderem darüber Feedback abgeben, ob es zu schnell oder zu langsam vorangeht, ein Beispiel gewünscht wird oder die letzte Folie noch einmal gezeigt werden soll.

tweedback Steckbrief

- keine Registrierung notwendig
- anonyme Teilnahme per Session-ID
- Basisversion kostenlos
- Funktionen: Chatwall, Quiz, Panik-Buttons
- Teilnehmendenzahl: unbegrenzt
- Alternative: https://www.feedbackr.io

Website: https://tweedback.de

5 Blended-Learning-Szenarien umsetzen

Den größten Teil der Tools und Methoden, die Sie beim Anreicherungskonzept in Kapitel 4 kennengelernt haben, können Sie auch beim nächsten Schritt einsetzen: Im integrativen Konzept werden aus den kleineren Online-Angeboten nun Onlinephasen, die als gleichwertiges Element in die Veranstaltung eingebettet sind. Entsprechend müssen auch diese von Beginn an mit geplant und strukturiert werden. Dabei geht es nicht darum, bestehende Präsenzveranstaltungen nur um weitere Vorbereitungs- oder Hausaufgaben online zu ergänzen. Sein ganzes Potential entfaltet das Blended Learning, wenn Sie es als Einladung verstehen, die gesamte Veranstaltung mit der Brille der vielfältigen Möglichkeiten in der onlinegestützten Lehre (noch einmal neu) zu betrachten und zu gestalten.

In diesem Kapitel stellen wir Ihnen dafür verschiedene Konzepte mit deren Vorteilen und Möglichkeiten vor. Besonderes Augenmerk legen wir auf die Gestaltung der Übergänge zwischen Online- und Präsenzphasen, geben konkrete Hinweise und skizzieren Umsetzungsideen zu den Onlinephasen auf Grundlage der in Kapitel 3 ausgeführten Implikationen.

Zu Beginn stellen wir Ihnen zwei Konzepte vor, die sich hauptsächlich durch die Verteilung der Lernaktivitäten unterscheiden. Beim ersten Konzept, dem *„Klassiker"* eines Blended-Learning-Konzepts, findet die Wissensvermittlung weiterhin in Präsenz statt, während Aufgaben zur Vertiefung oder Anwendung in der Onlinephase bearbeitet werden (Kap. 5.1). Bei der zweiten Variante hingegen werden die beiden Elemente umgedreht: Im *Inverted Classroom* eignen sich Studierende grundlegende Inhalte im Selbststudium an. Die gemeinsame Zeit im Hörsaal wird anschließend für die begleitete Lösung von Aufgaben, Diskussionen oder ausgewählte Vertiefungen genutzt (Kap. 5.2).

Während diese beiden Varianten eng an den Rhythmus der Lehrveranstaltung gekoppelt sind, kann das dritte Konzept auch parallel dazu stehen. Hierbei geht es um die prozessorientierte onlinegestützte *Begleitung von größeren Projektarbeiten*, in denen nicht nur das Ergebnis, sondern auch der Weg dorthin dokumentiert und ggf. bewertet werden soll (Kap. 5.3).

Für alle drei Konzepte gilt: Geben Sie sich und vor allem Ihren Studierenden Zeit, sich an das neue Format zu gewöhnen. Nach unserer Erfahrung ist der tatsächlich erlebte Mehrwert die beste Motivation, um auch in den Onlinephasen aktiv dabei zu bleiben. Bedenken Sie außerdem: Auch wenn für die meisten Studierenden der Umgang mit digitalen Medien zum Alltag gehört, bedeutet das nicht automatisch, dass ihnen auch der Umgang mit höheren Anteilen an selbstgesteuerten Lernaktivitäten außerhalb des Hörsaals intuitiv leichtfällt. Planen Sie daher zu Beginn der Lehrveranstaltung Zeit ein, um den Ablauf und die Verbindung zwischen den einzelnen Phasen zu erklären und die Vorteile des Konzepts für die Studierenden zu erläutern.

5.1 Der Klassiker: Präsenzveranstaltungen online unterstützen

Ein „Klassiker" der Umsetzung von Blended Learning ist unseres Erachtens ein Konzept, das in der Regel dem folgenden Ablauf folgt: Die zu erwerbenden Wissensinhalte einer Lerneinheit, die für das Grundverständnis notwendig sind, werden in einer Präsenz-Auftaktveranstaltung vermittelt. Dabei kann aber auch schon hier die frontale Wissensvermittlung durch eine interaktive Einbeziehung der Studierenden ergänzt werden (vgl. Kap. 4). Außerdem können die Studierenden bereits vor dieser Präsenzveranstaltung in Form eines kleinen Online-Prologs Materialien erhalten, mit denen sie sich auf das Thema einstimmen oder sich erste Grundlagen aneignen. In der auf die Präsenzveranstaltung folgenden Onlinephase erhalten die Studierenden Aufgaben, die sie zu einer Vertiefung der Lerninhalte und deren Anwendung anregen sollen. In der nächsten Präsenzsitzung werden die Arbeitsergebnisse aus der Onlinephase vorgestellt und diskutiert, offene Fragen besprochen und ggf. ausgewählte Aspekte weiter vertieft. In Abbildung 5 ist ein möglicher Ablauf dieses Szenarios dargestellt.

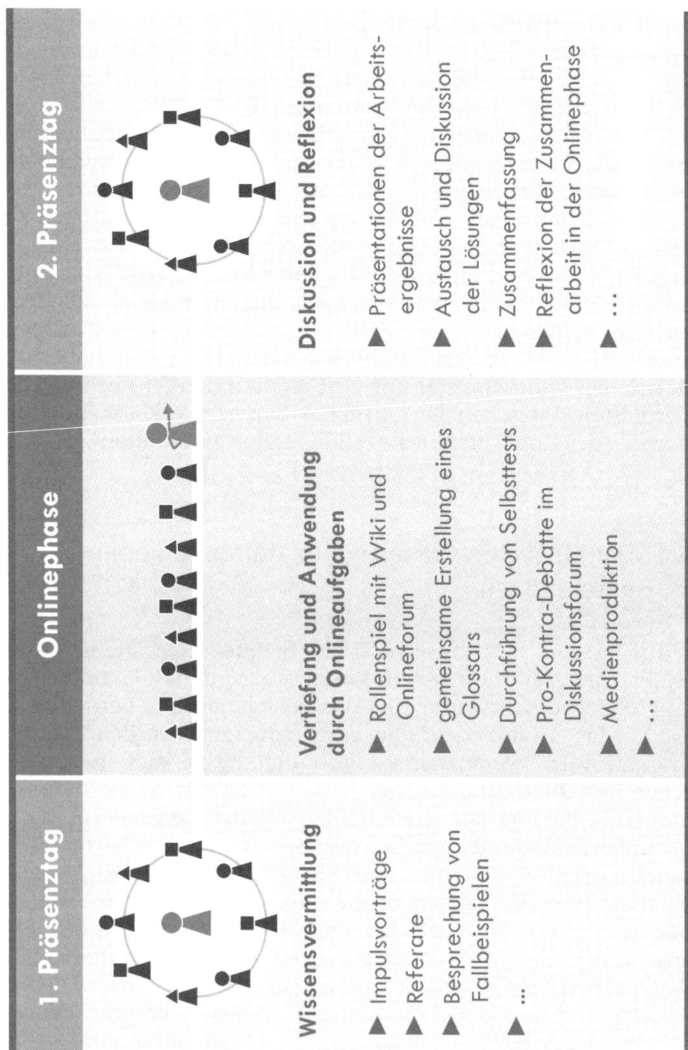

Abbildung 5: Ablauf eines klassischen Blended-Learning-Szenarios (eigene Darstellung)

Der Vorteil einer so gestalteten Ergänzung der Präsenzveranstaltung durch Onlineaufgaben liegt auf der Hand: Der Wissenserwerb geht in diesem Fall über einen rein rezeptiven Lernprozess hinaus. Denn die Vertiefung und Anwendung durch entsprechend gestaltete Aufgaben (vgl. Kap. 3.1.2) kann bei den Lernenden nicht nur ein tieferes Verständnis der Lerninhalte fördern. Sie kann auch die Herausbildung der für den späteren Berufsalltag so wichtigen Transferkompetenzen unterstützen.

Wichtig bei der Gestaltung eines kohärenten Ablaufs ist eine schlüssige und für die Studierenden transparente Verbindung zwischen den Lernaktivitäten in den Präsenztreffen und der dazwischenliegenden Onlinephase. So sollte nicht nur genügend Raum geschaffen werden, um die online erarbeiteten Ergebnisse in der nächsten Präsenzsitzung präsentieren und diskutieren zu können. Es sollte ebenso ausreichend Gelegenheit geben, offene Fragen zu klären und etwaige Verständnisschwierigkeiten zu besprechen. Zusätzlich sollten Sie Ihren Studierenden die Möglichkeit bieten, über ihren Arbeitsprozess in der Onlinephase zu reflektieren. So erhalten auch Sie als Lehrende zum einen ein Feedback über den aktuellen Lernstand der Studierenden. Außerdem sehen Sie, wie gut die Onlinearbeit tatsächlich funktioniert hat und an welchen Stellen Sie gegebenenfalls noch nachjustieren sollten. Insbesondere bei der Arbeit in Gruppen können online anfangs häufiger Probleme durch das zunächst ungewohnte Format der Zusammenarbeit auftreten. Durch den Austauschprozess können solche Brennpunkte benannt und dann auch bearbeitet werden.

Bei der Ausgestaltung der Onlineaufgaben sind die unterschiedlichsten Szenarien denkbar: Die Studierenden können beispielsweise gemeinsam Inhalte erarbeiten, ihre Erkenntnisse miteinander diskutieren, sich gegenseitig Feedback auf selbst Erarbeitetes geben oder sich auch allein z.B. vertiefende Lernmaterialien anschauen und Selbsttests bearbeiten.

Im Folgenden möchten wir anhand von konkreten Beispielen zwei Szenarien entwickeln, bei denen die Studierenden eigenständig Wissen erarbeiten und dieses anwenden können (Szenario Rollenspiel und Szenario Medienproduktion). Wir zeigen Ihnen dabei exemplarisch, wie sinnvolle Aufgaben zur Ergänzung Ihrer Präsenzinhalte gestaltet sein können, was Sie dabei beachten sollten und mit welchen Tools sich solche Aufgaben in Ihrer Lehre umsetzen lassen.

5.1.1 Perspektivwechsel – Rollenspiel mit Wiki und Forum in Moodle

Eine effektive und leicht umsetzbare Variante, die Studierenden erlernte Inhalte in neuen Kontexten anwenden und erworbene Kompetenzen erproben zu lassen, bietet die Methode des Rollenspiels. Außerdem gibt es den Studierenden die Möglichkeit, sich gemeinsam mit den Lerninhalten zu beschäftigen und sich darüber miteinander auszutauschen.

Beim typischen Rollenspiel wird ein für den (späteren Berufs-)Alltag typisches Anwendungsszenario exemplarisch nachgespielt. Dabei kommt es vor allem auf eine gelungene Transferleistung der Lerninhalte an. Das Rollenspiel gibt damit sowohl den Studierenden als auch den Lehrenden die Möglichkeit zu überprüfen, wie anwendungsbereit das erworbene Wissen tatsächlich ist und wo Bedarf an weiteren Erläuterungen und Vertiefungen besteht. Diese Erkenntnis kann die wahrgenommene Selbstwirksamkeit und damit auch die Lernmotivation der Studierenden erhöhen (vgl. Kap. 2.3)

Wir möchten solch ein Szenario anhand eines kleinen Beispiels erläutern: Stellen Sie sich vor, Sie wollen Ihren Studierenden vermitteln, welche urheberrechtlichen Aspekte es zu beachten gilt und welche Fallstricke lauern, wenn man beispielsweise fremde Materialien für Präsentationen, Videos oder ähnliches in Lehrveranstaltungen verwenden möchte: Dazu werden in einer ersten Präsenzveranstaltung zunächst die wichtigsten Grundlagen des Urheberrechts vermittelt. Gegebenenfalls kann den Studierenden bereits vorab überblicksartiges Material zu relevanten Gesetzestexten zur Lektüre zur Verfügung gestellt werden. Für die nachfolgende Onlinephase wird nun ein fiktiver Urheberrechtsfall im Hochschulbereich formuliert, den die Studierenden in Form eines Rollenspiels „Gerichtsverhandlung“ bearbeiten sollen. Dazu werden drei Kleingruppen gebildet, die jeweils die Position der Anklage, der Verteidigung und des Gerichts einnehmen. Bei größeren Gruppen bietet es sich an, mehrere Rollenspielgruppen parallel zu bilden, so dass die Größe der einzelnen Kleingruppen bei maximal fünf Personen liegt.

Die Verhandlung findet in zwei Phasen statt: In der ersten Phase erarbeiten die Gruppen der Anklage und der Verteidigung ihre jeweiligen Schriften, in der zweiten Phase erhält die Gruppe des Gerichts beide Schriften zur Einsicht und erstellt daraus ihr „Urteil". Die Gruppenarbeit während der Onlinephase kann z.B. auf einer Lernplattform wie Moodle realisiert werden: Die einzelnen Gruppen erhalten dazu jeweils einen eigenen, geschützten Bereich in einem Wiki, der von den anderen nicht einsehbar ist, was beispielsweise in Moodle über die Option „getrennte Gruppen" realisierbar ist. Hier können die zu erstellenden Dokumente gemeinsam erarbeitet werden. Bei Bedarf wird den Gruppen weiterführendes vertiefendes Material zur Verfügung gestellt, in unserem Fall beispielsweise eine Zusammenstellung ähnlicher Urteile. Parallel zur Arbeit im Wiki können sich die Gruppenmitglieder in einem Onlineforum, das ebenfalls nur für die jeweilige Gruppe sichtbar ist, austauschen und ihre Argumente diskutieren. Denkbar ist auch die Einrichtung eines Webmeetingraums für den Austausch, wobei die Verschriftlichung des Diskussionsprozesses im Forumsformat hier vorteilhaft sein kann. Bei Bedarf lassen sich jedoch beide Modi im Verlauf des Arbeitsprozesses auch gut kombinieren. Beim anschließenden Präsenztreffen stellen die einzelnen Gruppen ihre Schriften vor und diskutieren die Ergebnisse. Hier können zudem offen gebliebene Fragen geklärt und korrigierende Hinweise durch die Lehrenden gegeben werden.

Eine Besonderheit dieser Form des Rollenspiels stellt die Arbeit in Gruppen dar. Diese bietet den Studierenden verschiedene Chancen: Sie können sich über die jeweiligen Fachinhalte austauschen, Wissensstände abgleichen und sich gegenseitig unterstützen, Verstehenslücken zu schließen. Zugleich fördern solche Rollenspiele das für das Lernen im Allgemeinen und die Motivation im Besonderen so wichtige Gefühl der sozialen Eingebundenheit und erhöhen dadurch das Engagement der Einzelnen.

Eine Herausforderung bei diesem Szenario besteht in der gestaffelten Taktung der Onlineaufgaben, die in unserem Beispiel für die Gruppen der Anklage und der Verteidigung zeitlich vorgelagert ist. Erst wenn diese beiden Gruppen ihre Schriften fertiggestellt haben, kann die dritte Gruppe, die des Gerichts, damit weiterarbeiten. Letztere ist also auf die pünktliche Zuarbeit der anderen beiden Gruppen angewiesen, um ihre Aufgabe ebenfalls termingerecht erledigen zu können. Wichtig ist daher eine gut abgestimmte Taktung, bei der alle Gruppen ausreichend Zeit für die Bearbeitung ihrer Aufgaben erhalten, sowie eine klare mündliche und schriftliche Kommunikation der jeweiligen Deadlines. In unserem Beispiel könnte das so aussehen: Die ersten beiden Gruppen erhalten eine Bearbeitungszeit von ein bis zwei Wochen. Nach Abgabe ihrer Schriften werden diese der dritten Gruppe zur Verfügung gestellt. Diese hat dann wiederum ein bis zwei Wochen Zeit, ihr Urteil zu fällen. Hilfreich kann es außerdem sein, zusätzliche Zwischenerinnerungen zu senden. So könnten Sie den Studierenden je nach Bearbeitungsstand ungefähr nach der Hälfte der Zeit eine Nachricht senden, um sie erneut auf die Abgabefrist hinzuweisen und ihnen gegebenenfalls auch schon erste Hinweise zum Bearbeitungsstand geben. Optional können Sie außerdem überlegen, eine Online-Sprechstunde anzubieten, um eine engere Taktung zu erreichen. Zudem können Sie so den Studierenden die Gelegenheit geben, einen Zwischenstand zu präsentieren und dabei gleichzeitig noch offene Fragen zu klären.

5.1.2 Videos, Podcasts und Co. – Medienproduktion durch Studierende

Studierende im Rahmen einer Semesteraufgabe selbst Medien wie Videos, Podcasts oder Blogbeiträge produzieren zu lassen, setzt an zwei sich ergänzenden Punkten an: Zum einen dem Konzept *Lernen durch Lehren* und zum anderen an lernförderlichen Aspekten journalistischer Arbeit. Lernen durch Lehren (LdL) ist im Kern schon seit der Antike bekannt und durch das lateinische Sprichwort *Docendo discimus* („Durch Lehren lernen wir“) präsent. Seit Anfang der 1980er Jahre ist der Begriff LdL eng mit Jean-Pol Martin verbunden, der es selbst als Französischdidaktiker im Fremdsprachenunterricht jahrzehntelang erprobt und aus mehreren Perspektiven wissenschaftlich untermauert hat (Martin, 2018).

Lernprozesse werden hier durch einen Rollenwechsel angeregt: Studierende übernehmen die Lehraufgabe und vermitteln anderen Studierenden die Inhalte. Digitale Medien ermöglichen neue Facetten dieser Idee. Durch die einfachen Produktionsmöglichkeiten von Videos oder Podcasts mit dem Smartphone können bekannte und im Alltag geschätzte Formate mit Lerninhalten verbunden werden. Die Ergebnisse können dann im Sinne des LdL z.B. für die arbeitsteilige Stofferarbeitung genutzt oder für Studierende des kommenden Semesters eingesetzt werden.

Legevideos	Einfach und schnell mit dem Smartphone zu erstellen: Von oben gefilmt werden mit der Hand vorher gezeichnete oder ausgedruckte Bilder in den Aufnahmebereich geschoben und kommentiert. Sehr gut geeignet für Prozesse und größere Zusammenhänge.
Podcasts	Audioaufnahmen z. B. in Form von Interviews (zwischen Studierenden oder mit Experten) oder angelehnt an bestehende Formate (z.B. „Talk-O-Mat": Zwei Personen diskutieren spontan zu einer vorgegebenen Frage – *talk-o-mat.podigee.io*).
Blogbeiträge	Beiträge verfassen in Anlehnung an bestehende in den „Tagebüchern der Wissenschaft" – *scilogs.spektrum.de*
Wikipedia-Einträge	Wikipedia-Einträge gemeinsam prüfen und Ergänzungen verfassen und dort eintragen – *de.wikipedia.org*
Stimmt's?-Artikel	„Kann man schneller segeln als der Wind?" Angelehnt an die Artikel-Serie in der *ZEIT* von Christoph Drösser interessante Fragen wissenschaftlich begründet auf einer Seite beantworten. Die Ergebnisse können in einem Blog oder auf der Lernplattform in einem Wiki gesammelt und von anderen kommentiert werden. Die Antwort lautet übrigens: Ja, kann man! (Drösser 2011)
Konferenz-poster	Wissenschaftliche Poster erstellen, die am Ende in einer Posterausstellung analog zu Konferenzen begutachtet und diskutiert werden. Eine gute Möglichkeit die Poster online zu sammeln und zu kommentieren bietet *Padlet* (vgl. Toolvorstellung in Kap. 4.3.1).

Tabelle 4: Ideen für Medienformate, die Studierende selbst erstellen können

Auch eine weitere, zunehmend gefragte Kompetenz kann nach diesem Grundgedanken gefördert werden: Die Vermittlung wissenschaftlicher Inhalte an ein breiteres, öffentliches Publikum hat im Rahmen der Wissenschaftskommunikation in den vergangenen Jahren deutlich an Bedeutung gewonnen (Schäfer, 2016). Hier geht es vor allem darum, Inhalte und wichtige Zusammenhänge einfach, aber nicht unzulässig vereinfacht darzustellen. An dieser Schnittstelle zum journalistischen Arbeiten beleuchten Studierende Lehrinhalte aus verschiedenen Perspektiven, verdichten Rechercheergebnisse und lernen, relevante Fragen zu formulieren. Sie vertiefen ihr Wissen durch die Kommunikation in der Gruppe und die Notwendigkeit, das Gelernte in Worte und Bilder zu fassen. Von der Erklärung komplexer Produktionsabläufe bis zu ethischen Fragen um das autonome Fahren, von Dimensionen sozialer Gerechtigkeit bis zum Rechnungswesen – mit etwas Kreativität lassen sich für alle diese Themen passende journalistische Formate finden. Einige Ideen finden Sie in Tabelle 4.

Unsere Erfahrungen aus vielen begleiteten Projekten zeigen, dass Studierende solche Aufgaben mit hoher Motivation und sehr viel Engagement angehen, was für erfolgreiches Lernen eine gute und sehr hilfreiche Voraussetzung ist. Damit einher geht jedoch die Gefahr, dass der Inhalt hinter der Freude an der technischen Komponente bei der Medienproduktion zurückbleibt. Wichtig ist daher die Klärung wichtiger Rahmenbedingungen (z.B. Zeitrahmen und Bewertungskriterien) für diese Form von Arbeit, und zwar gleich vor Beginn der studentischen Bearbeitungszeit.

Konkrete Hinweise für die Umsetzung bei der Produktion von Medien

Formulieren Sie neben der inhaltlichen Aufgabe auch, für welche *Zielgruppe* die Medien erstellt werden sollen: für andere Studierende, ein Fachpublikum oder die breite Öffentlichkeit? Machen Sie dabei deutlich, welche inhaltliche Tiefe Sie unabhängig von der abschließenden Art der Aufbereitung erwarten. Gerade wenn die Zielgruppe keine Expert*innen sind, kann das zu einer oberflächlichen Bearbeitung verleiten.

Wenn Sie Beispiele zur Verdeutlichung Ihrer Erwartung einsetzen, wählen Sie im besten Fall mehrere unterschiedliche. Sonst laufen Sie Gefahr, unbeabsichtigt ein Modell zu zeigen, an dem sich Studierende orientieren oder glauben orientieren zu müssen. Gerade die Möglichkeit, sich der Lösung kreativ und nach eigenen Ideen, Erfahrungen und Präferenzen zu widmen, macht ja den Wert der Aufgabe aus und steigert deren Relevanz (vgl. Kap. 2.3).

Um die ebenfalls im motivationalen Design von Lernsettings (vgl. Kap. 2.3) beleuchtete Erfolgszuversicht bei einer Aufgabe mit vielen Freiheitsgraden zu stärken, sind *transparente Bewertungskriterien* sehr wichtig. Stellen Sie den Studierenden eine Übersicht zur Gewichtung Ihrer Bewertung gleich mit der Aufgabenstellung zur Verfügung, aus der klar hervorgeht, dass der inhaltliche Teil ein höheres Gewicht hat als die technische Umsetzung.

Einen großen motivationalen Einfluss hat der Aspekt der *Öffentlichkeit der Ergebnisse*. Bei manchen Medienformaten wie z.B. der Ergänzung eines Wikipedia-Artikels ist die Öffentlichkeit ohnehin gegeben. Aber überlegen Sie auch bei anderen Ergebnissen schon im Vorfeld, ob und wie die Medien weiter genutzt werden sollen und können. Die Aussicht auf eine Veröffentlichung bzw. Weiternutzung ist für viele Studierende ein großer Ansporn. Vielleicht lassen sich gute Ergebnisse auf der Hochschulwebsite veröffentlichen oder im kommenden Semester in einem Inverted-Classroom-Modell (vgl. Kap. 5.2) als Lernmaterial für die nächsten Studierenden einsetzen? Wenn Sie das planen, lassen Sie sich noch im Rahmen des Kurses die schriftliche Einwilligung der Studierenden für die geplante Art der Weiternutzung geben. Studierende haben das Urheberrecht an ihren Werken, so dass Sie diese ohne deren Zustimmung nicht verwenden dürfen.

Geben Sie Ihren Studierenden außerdem eine Orientierung zum *verfügbaren Zeitrahmen*. Eventuell ist es sinnvoll, auch einen Zwischenschritt in die Bewertung einzubeziehen, wie z.B. ein Storyboard für ein Video oder Ablauf und Rahmentexte für einen Podcast. Sie sollten auch Ihren eigenen Aufwand im Vorfeld abschätzen. Gerade die erforderliche Zeit, um sich Videos mehrfach anzuschauen oder Podcasts vollständig zu hören, wird häufig unterschätzt.

Sorgen vor mangelnden Kompetenzen für die *technischen Anforderungen* sind meist unbegründet - oft sind Studierende versierter im Umgang damit als die Lehrenden. Da diese Aufgaben i.d.R. in Gruppen bearbeitet werden, steigt zudem die Wahrscheinlichkeit, dass auch weniger technikaffine Studierende Unterstützung in der Gruppe finden. Wenn Sie Bedenken haben, können Sie auf zahlreiche Online-Ressourcen verweisen. Eine gute Anlaufstelle für aktuelle Apps, Tipps und Hinweise ist neben YouTube der Blog https://www.medienpaedagogik-praxis.de.

5.2 Das Inverted-Classroom-Modell: Mehr Zeit für gemeinsames Lernen schaffen

Ende 2008 steigt der Wert der Porsche-Aktie von durchschnittlichen 200 € innerhalb weniger Tage auf über 1.000 €. Der Grund dafür: Der damalige Porsche-Chef Wendelin Wiedeking verkündet am 26. Oktober, dass Porsche seinen Anteil an VW, dem damals drittgrößten Automobilhersteller weltweit, auf 42,6 Prozent aufgestockt hat und beabsichtigt, den Anteil auf 75 Prozent ausbauen zu wollen (NZZ 22.07.2019). Damit wäre der kleine schwäbische Autobauer Besitzer des größten deutschen Automobilkonzerns. Die Übernahme hat am Ende nicht geklappt und ist dennoch ein in vielen Details interessanter Wirtschaftsfall, der bis heute mehrere Gerichte beschäftigt. Angenommen, Sie unterrichten ein Grundlagenfach in den Wirtschaftswissenschaften: Wäre es nicht spannend, theoretische Grundlagen an einem solchen Fall zu festigen und diesen mit den Studierenden während der Vorlesungszeit ausführlich zu diskutieren? Häufig fehlt gerade dafür jedoch die Zeit, so dass Beispiele wie dieses zwar kurz angerissen, aber nicht in der zum nachhaltigen Verständnis erforderlichen Tiefe behandelt werden können.

Genau diese Zeitfenster zu schaffen, das ist die Grundidee des Inverted-Classroom-Modells (ICM), in dem Elemente von Vorlesung und Nachbearbeitung bzw. Hausarbeiten getauscht (= inverted) werden. Lernaktivitäten, die Studierende gut oder besser allein machen können, wie z.B. die Aneignung von theoretischen Grundlagen, werden in eine Vorbereitungsphase verschoben. Die Studierenden bereiten sich auf die Lehrveranstaltung mit Videos, Podcasts und/oder Texten vor, die von den Lehrenden extra dafür produziert bzw. zusammengestellt werden (Schäfer, 2012). So vorbereitet, wird dann die Zeit im Hörsaal für die gemeinsame, aktive Auseinandersetzung mit den Inhalten durch Übungen, Transfer auf Praxisfälle, Diskussionen oder Projektarbeiten genutzt. Auch die Möglichkeit, mehr Fragen zu stellen, über den bisherigen Lernprozess zu reflektieren und mit den anderen Studierenden Aufgaben gemeinsam zu lösen, machen diese Zeit wertvoll.

Das Vorgehen an sich ist nicht neu. Bereits seit Jahrzehnten wird in vielen seminaristischen Lehrkonzepten v. a. in den Geisteswissenschaften die Vorbereitung ausgewählter Texte zum Präsenztermin vorausgesetzt. Digitale Medien ermöglichen nun eine Übertragung dieses Modells auf andere, weniger textbasierte Fachrichtungen. Sie erleichtern auch die Individualisierung des Lernmaterials dadurch, dass die Lehrperson es selbst mit überschaubarem Aufwand erstellen kann. So kann das Material z.B. leichter auf eine bestimmte Zielgruppe (Studiengänge, Semester usw.) ausgerichtet oder mit dem Blick auf weitere Studieninhalte (Übungen, Praktika usw.) pointiert werden. Die eigene Medienproduktion ist gleichzeitig der erste Teil eines Rollenwechsels: Die Inhaltsvermittlung findet aus der Perspektive der Lehrenden nun teilweise allein vor Kamera, Mikrofon oder Textprogramm ohne direkte Interaktion mit den Studierenden statt. Im Hörsaal treten Lehrende zunehmend als Begleiter*innen auf, die Studierende individuell oder auch kollektiv als Gruppe unterstützen und deren Zusammenarbeit untereinander fördern. Auch für Studierende ändert sich der Lernrhythmus: Sie müssen sich nun selbständig auf die Präsenzveranstaltung vorbereiten; tun sie das nicht - und das werden sie schnell merken - können sie von den gemeinsamen Sitzungen nicht profitieren. Abbildung 6 zeigt schematisch die Verteilung von Aktivitäten der Studierenden und Lehrenden und damit einen Wechsel der Rollen in den einzelnen Phasen des ICM.

Grundsätzlich ist das Konzept auf alle Disziplinen übertragbar. Eine Blaupause, wie die Phasen des selbstgesteuerten Lernens (auch Out-of-class-Phase) und die Präsenz (In-class-Phase) hinsichtlich Art und Umfang des Medieneinsatzes und der aktivierenden Methoden aussehen sollten, gibt es aufgrund der fachspezifischen Anforderungen nicht. Erfahrungsberichte aus unterschiedlichen Disziplinen, die Anknüpfung an stärker kompetenzorientierte Lehre sowie Ansätze zur Untersuchung der Wirksamkeit finden Sie aber u.a. bei Großkurth und Handke (2016), Freisleben-Teutscher und Spannagel (2016) sowie Zeaiter und Handke (2020).

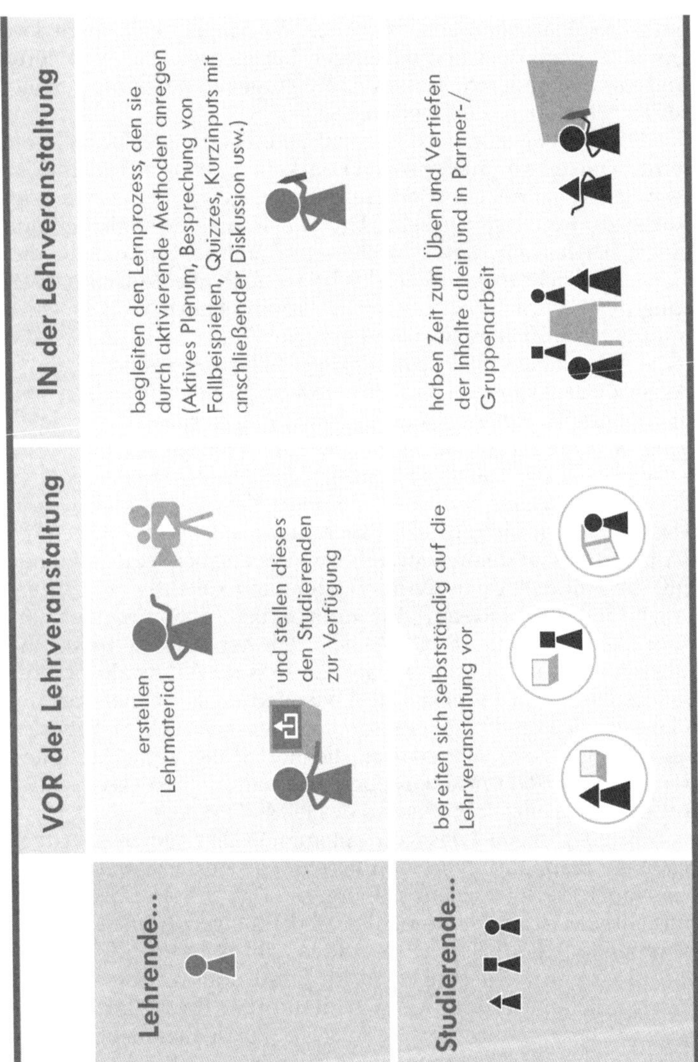

Abbildung 6: Rollenwechsel im Inverted-Classroom-Modell (eigene Darstellung)

So einfach die Idee klingt, ein Selbstläufer ist das ICM nicht. Es erfordert eine gute Planung und ist i.d.R. vor allem durch die erforderliche Medienproduktion bzw. Zusammenstellung der Lernmaterialien für das Selbststudium der Studierenden für die Lehrenden mit einem Mehraufwand verbunden. Da sich an grundlegenden Zusammenhängen einer Vorlesung oft nur wenig ändert, können die einmal erstellen Medien aber meist über mehrere Semester genutzt werden. Die Vorbereitungszeit, d.h. das Selbststudium, kann auch von den Studierenden als belastender Mehraufwand empfunden werden, obgleich es in den Leistungspunkten enthalten ist. Problematisch wird das, wenn nur die Hälfte der Studierenden gut vorbereitet ist: Dann verpuffen die erwünschten Effekte in der Notwendigkeit, diese Heterogenität wieder aufzufangen. Gegensteuern können Sie diesem Problem, indem Sie

- den Studierenden das Konzept und seine Vorteile zu Beginn vorstellen und eine kleine Eingewöhnungsphase einkalkulieren.
- in der Präsenz konsequent auf das Wiederholen von Inhalten aus der Onlinephase verzichten (es sei denn, es handelt sich um konkrete Verständnisfragen), denn es belohnt diejenigen unter den Studierenden, die sich nicht vorbereitet haben. Das mag Ihnen anfangs schwerfallen, hat sich jedoch als wirkungsvoll erwiesen.
- den Nutzen des Konzepts durch interessante Anwendungen, Diskussionen und Praxisbeispiele erlebbar machen, für die sonst zu wenig Zeit bliebe.
- die Präsenzveranstaltung mit einem Quiz zu den Online-Inhalten beginnen (vgl. Kap. 4.1.1). So bekommen Sie einen Eindruck über den aktuellen Stand und bieten den Studierenden eine kurze Wiederholung.
- einen Rhythmus etablieren, der es den Studierenden leicht macht, die Vorbereitung in ihren Alltag zu integrieren. So sollten die Online-Aufgaben z.B. bei einem wöchentlichen Veranstaltungsturnus immer am gleichen Tag bereitgestellt werden.

Die Umstellung einer kompletten Veranstaltung auf ein ICM ist v.a. durch die erforderliche Medienproduktion und -zusammenstellung sehr zeitaufwändig. Gleichzeitig ist es empfehlenswert, das Konzept zumindest über einige zusammenhängende Wochen durchzuführen, damit Sie und die Studierenden sich in den neuen Rhythmus einfinden können und auch erlebbar davon profitieren. Ein guter Kompromiss für die ersten Schritte im ICM ist es, den Umfang des Selbststudiums im ersten Durchlauf gering zu halten. Starten Sie mit kleinen Einheiten im Umfang von z.B. 30 Minuten. So ist für Sie die Medienproduktion überschaubar und auch die Studierenden können die Vorbereitung leichter in den Studienalltag integrieren.

Für Ihre erste Planung oder auch Verfeinerung eines bestehenden Konzepts möchten wir Ihnen im folgenden Kapitel 5.2.1 einige wichtige Hinweise für die praktische Durchführung in den einzelnen Phasen des ICM geben. Im Anschluss zeigen wir Ihnen in Kapitel 5.2.2, welche Medien für das selbstgesteuerte Lernen in Frage kommen und wie Sie diese selbst mit einfachen Mitteln erstellen und Ihren Studierenden zur Verfügung stellen können. Außerdem möchten wir Ihnen die sehr wirkungsvolle Methode des *Aktiven Plenums* vorstellen (Kap. 5.2.2). Sie eignet sich gut als aktivierendes Element in der Präsenz, in der Studierende selbst die Verantwortung für den Lehr-Lernprozess und die Lösung einer Aufgabe übernehmen.

5.2.1 Neuer Rhythmus – Ablauf und Gestaltung einer ICM-Veranstaltung

„Decies repetita placebit" - Zum zehnten Mal wiederholt, wird es gefallen. Diese Erkenntnis des römischen Philosophen Horaz ist schon mehr als 2000 Jahre alt und weist auf die auch in den folgenden Jahrhunderten immer wieder gemachte Beobachtung hin, dass Menschen Zeit brauchen, um sich neuen Dingen zu öffnen und ihren Wert schätzen zu lernen. Zehn Mal müssen Sie die ICM-Veranstaltung nicht durchführen, bis das Konzept von den Studierenden verinnerlicht wurde. Wir empfehlen Ihnen aber, es mindestens zwei- bis dreimal in Folge durchzuführen. Abbildung 7 zeigt den exemplarischen Ablauf für den Beginn einer solchen Lehrveranstaltung.

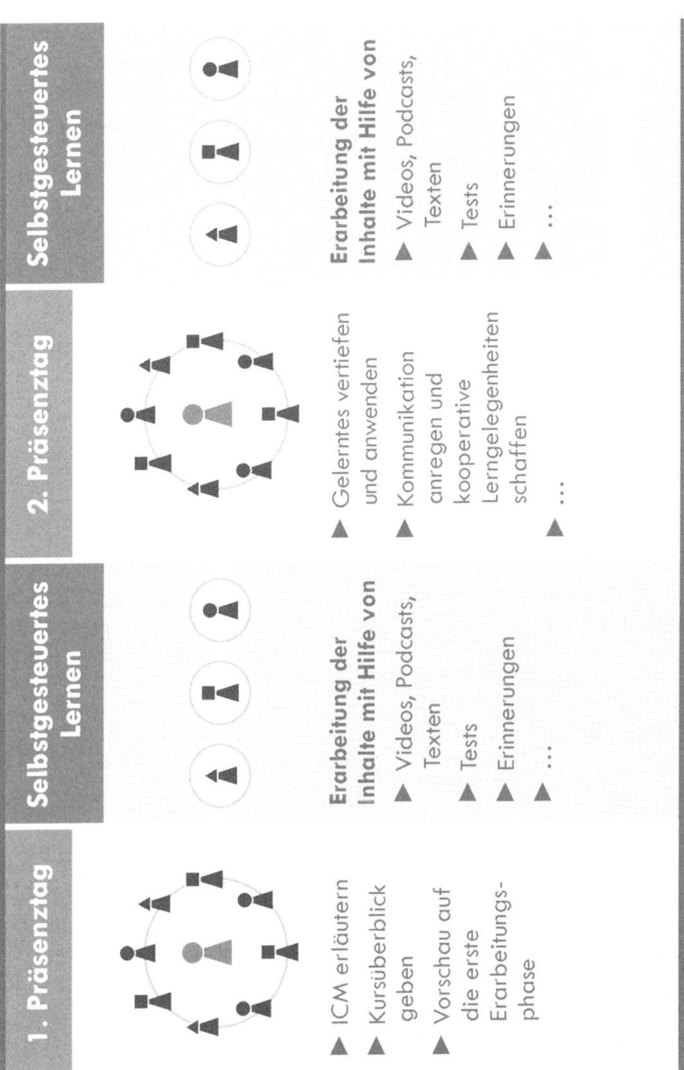

Abbildung 7: Exemplarischer Ablauf einer Veranstaltung nach dem ICM (eigene Darstellung)

Die Erläuterung des Konzepts findet am besten während der Präsenzveranstaltung *vor* der ersten Onlinephase statt. Erklären Sie dabei nicht nur Grundidee und Mehrwert, sondern werfen Sie auch gleich gemeinsam mit den Studierenden einen Blick auf die ersten Materialien und die damit verbundenen Aufgaben. Es ist auch möglich, für den Start eine Aufgabe in der Präsenz beginnen zu lassen und deren Fortführung online als Teil der Vorbereitung für die kommende Veranstaltung einzubinden. Oder Sie beenden die Veranstaltung mit einem Cliffhanger: Zeigen Sie z.B. ein interessantes Anwendungsbeispiel oder formulieren Sie eine provokante These. Die Auflösung können sich die Studierenden dann in einem Teil der Onlinephase selbst erarbeiten. Eine solche Brücke in die Onlinephase ist für den Einstieg sehr hilfreich. Im weiteren Verlauf der Veranstaltung sollen sich die Studierenden dann selbständig mit den von Ihnen zur Verfügung gestellten Materialien vorbereiten. Falls Ihre Präsenztermine weiter auseinander liegen und nicht in wöchentlichem Rhythmus stattfinden, hat sich eine kurze Erinnerung an die notwendige Vorbereitung bewährt.

Die wesentlichen didaktischen Elemente, die Ihnen in der Onlinephase dabei helfen, Ihre Studierenden für das selbstgesteuerte Lernen zu motivieren, diesen effektives Lernen zu ermöglichen und auch das Bedürfnis nach sozialer Eingebundenheit zu befriedigen, haben wir in Kapitel 3.1 vorgestellt. An dieser Stelle möchten wir diese noch um einige konkrete Ideen und Tipps aus der Praxis ergänzen:

Anregungen und Ideen für die Phase des selbstgesteuerten Lernens im ICM

- *Klare Struktur.* Seien Sie konsistent im Ablauf, beim Design und auch bei den Formaten (z. B. Dateibenennung, Zeitpunkt der Verfügbarmachung, Taktung der Erinnerungen).
- *Relevanz.* Verdichten Sie Ihre Materialien so, dass die Studierenden sich nur mit Dingen befassen, die Sie später auch in der Präsenz in irgendeiner Form adressieren. Sie laufen sonst Gefahr, dass mit der Zeit die Bearbeitungsmotivation sinkt, weil der Eindruck entsteht, die Lernmaterialien seien nicht relevant. Wenn Sie weiterführendes, interessantes Material haben und zur Verfügung stellen möchten, dann kennzeichnen Sie dieses auch so.
- *Zeithorizont.* Geben Sie die ungefähre Bearbeitungszeit für die Vorbereitungsaufgaben an. Es ist deutlich aktivierender und motivierender für die Lernenden, wenn der Zeithorizont bekannt ist. Summieren Sie dafür sowohl die Zeit für das Anschauen von Videos oder Lesen von Texten als auch die der damit verknüpften Aufgaben.
- *Medienauswahl reduziert und zielführend.* Halten Sie Ihre Videos und Audios kurz und kombinieren Sie diese ggf. mit kurzen Texten oder Online-Quizzes, wenn das auf der Lernplattform möglich ist. Stellen Sie verschiedene Materialien in einem klaren Lernpfad, z. B. in einer Lektion oder auf einer Übersichtsseite zusammen.
- *Scheinwerfer an.* Sind Ihnen einige Aspekte ganz besonders wichtig in der Vorbereitung? Dann steuern Sie das am besten über Aufgaben, wie z. B. „Bitte notieren Sie sich die drei wichtigsten Auslegungskriterien für Kinderdummys."
- *Online Kontakt halten.* Ermöglichen Sie den Studierenden untereinander, sich über die Inhalte auszutauschen oder Fragen zu stellen, z. B. in einem dafür erstellten Forum. Kommunikationsregeln in Form einer Netiquette können hierbei unangemessenen Inhalten vorgreifen. Machen Sie außerdem deutlich, ob und wie Studierende bei wichtigen Rückfragen mit Ihnen in Kontakt treten können und in welchem Zeitrahmen Sie reagieren.

Der größte Mehrwert des ICM ist die Zeit für die gemeinsame Auseinandersetzung mit den Lerninhalten im Hörsaal. Hierbei verschiebt sich die Lehrveranstaltungsform von einer Vorlesung zu einem seminaristischen Konzept, bei dem die Verbindung verschiedener Lernformen im Vordergrund steht. Dazu können auch Input-Phasen mit klassischem Vorlesungscharakter gehören, die mit Methoden kombiniert werden, mit denen Sie die Studierenden begleiten und die Lernprozesse beobachten, unterstützen und evaluieren. Anregende Übersichten für passende (analoge) Methoden finden Sie u.a. bei Rummler (2014), Hoffmann und Kiehne (2016) sowie Brinker und Schumacher (2014). Verstehen Sie diese Methodenvorschläge als Inspiration und passen Sie diese Ihren fachspezifischen Anforderungen an. Einige besonders für die Verbindung zur Onlinephase geeignete und bewährte Methoden und Ideen möchten wir Ihnen nachfolgend vorstellen.

Anregungen und Ideen für die Präsenzveranstaltungen im ICM

- Analyse von (aktuellen) Fallbeispielen: Über einen Fall und die Rahmendaten können Studierende auch schon in der Onlinephase recherchieren, die Verbindung zu den theoretischen Grundlagen stellen Sie dann gemeinsam in der Präsenz her.
- Aktives Plenum (vgl. Kap. 5.2.2)
- Votingtools nutzen, um in Frage- und Diskussionsrunden einzusteigen: Formulieren Sie eine interessante, vielleicht auch provokative Frage für den Einstieg in ein Thema (z. B. „Finden Sie es ethisch vertretbar, Leichen in Crashtests für die Erhöhung der Fahrzeugsicherheit zu nutzen?") und lassen Sie die Studierenden anonym darüber abstimmen.
- Think-Pair-Share (vgl. Kap. 4.3.2)
- Peer Instruction (vgl. Kap. 4.1.2)
- Forschung einbinden: Viele Studierende kommen mit aktuellen Forschungsfragen aus ihrem Studiengebiet erst spät in Kontakt. Nutzen Sie die Zeit im Hörsaal, um punktuell auf interessante Themen, Methoden, Sackgassen, Stolperfallen oder Erfolgsgeschichten einzugehen.

Wenn Sie und Ihre Studierenden im Laufe der Zeit sicher im ICM-Sattel sitzen, können Sie auch noch einen Schritt weiter gehen und die Phase des selbstgesteuerten Lernens um Aufgaben erweitern, in denen die Studierenden ihre Arbeitsergebnisse bereits in der Onlinephase zusammentragen oder teilen und kommentieren. Außerdem kann die Vorbereitung individuell oder gruppenspezifisch erfolgen, so dass z.B. in der Präsenz nahtlos ein Rollenspiel (vgl. auch Kap. 5.1.1) beginnen kann. Auch dafür haben wir für Sie einige Beispiele zusammengestellt, die Sie für sich anpassen können.

ICM-Ideen für Fortgeschrittene

- *Expertenrunde.* Steigen Sie mit einem Statement oder einer Frage in die Onlinephase ein (z.B. „Berlin braucht mehr Fahrradspuren in normaler Fahrbahnbreite."). Die Studierenden werden auf der Lernplattform in Gruppen geteilt (Stadtentwicklung, ADFC, VDA, ...) und sammeln gemeinsam beispielsweise in einem Gruppenwiki unter sich Argumente für und/oder gegen diese These. In der Präsenz können Sie dann gleich in ein moderiertes Gespräch der Parteien einsteigen.
- *Parlamentarische Debatte.* Sie ähnelt der Expertenrunde, aber mit dem Unterschied, dass sich alle auf alle Rollen vorbereiten müssen, denn es ist nicht klar, wer nachher welchen Platz einnimmt. Vorteil dieser Variante ist, dass Studierende lernen, sich mit einem Thema umfassend aus allen Perspektiven zu beschäftigen (Gädecke, 2019).
- *Teilen von Arbeitsergebnissen.* Nutzen Sie kollaborative Tools wie ein Etherpad (innerhalb der Lernplattform oder z.B. https://zumpad.zum.de), um erste Ergebnisse zu sammeln. Das können Beispiele aus unterschiedlichen Disziplinen sein oder Sammlungen von Vor- und Nachteilen zu einem vorgegebenen Thema. Damit können Sie in der Präsenz weiterarbeiten.
- *Post & Comment.* Wenn Sie die Studierenden länger nicht sehen, fügen Sie Aufgaben mit gegenseitiger Kommentierung von Ergebnissen ein. Sie können z.B. das Forum nutzen und die Studierenden bitten, bis zu einer gegebenen Deadline Beiträge einzustellen. Nach Ablauf dieser Zeit ist die Aufgabe, zu mindestens zwei der Einträge einen substantiellen Kommentar zu schreiben.

Wenn Sie wie in dieser fortgeschrittenen ICM-Variante bereits in der Onlinephase einen Blick auf die Arbeitsergebnisse der Studierenden werfen können, dann ermöglicht Ihnen das auch, Ihre geplante Präsenzveranstaltung kurzfristig daran anzupassen: So können Sie fehlende Aspekte noch mit einbringen, unklare Punkte klären oder auch Inhalte überspringen, wenn Sie den Eindruck haben, dass diese von den Studierenden ausreichend verstanden wurden. Diese Methode zur flexiblen Gestaltung der Präsenz ist auch unter *Just-in-time Teaching* bekannt und wurde Ende der 1990iger Jahre von Novak et al. (1999) in der Physik entwickelt. Grundlage für die Lehrveranstaltung sind hier die Ergebnisse der vorbereitenden Onlinephase, die innerhalb weniger Tage ausgewertet werden und in ein daran angepasstes Veranstaltungsdesign fließen. Oft handelt es sich bei den Ergebnissen um im Freitext beantwortete Fragen zu den Inhalten des Selbststudiums, die Aufschluss über den aktuellen Lernstand geben. Auch wenn dieses Konzept sehr viel Flexibilität erfordert und nicht in allen Fachbereichen gleichermaßen angewandt werden kann, ist ein Blick auf die zahlreichen Beispiele und die hilfreiche, detaillierte Anleitung bei Simkins und Maier (2009) eine gute Inspirationsquelle für die ICM-Praxis.

5.2.2 ICM-Werkzeugkoffer – von der Medienproduktion bis zum Aktiven Plenum

Stellen Sie sich vor: Schmand, Kürbis, ein Apfel, Ziegenkäse und rote Zwiebeln, das ist alles, was Ihr Kühlschrank hergibt. Manche sehen nun bereits einen damit belegten Flammkuchen vor sich, andere hoffen im Kochbuch etwas zu finden, was man daraus machen kann und wieder andere machen den Kühlschrank gleich wieder zu und schauen im Tiefkühler nach einer Alternative. Ähnlich geht es Studierenden im Umgang mit Materialien für das Selbststudium: Während einige auch mit einer losen Auswahl gut arbeiten können, brauchen andere mehr Anleitung, was sie in welcher Reihenfolge mit welchem Fokus bearbeiten sollen. Gerade Studierende am Beginn ihres Studiums profitieren von mehr und klaren Vorgaben. Unabhängig von der Art der Medien (Texte, Videos, Audiodateien, Links) ist es daher zielführend, diese strukturiert zur Verfügung zu stellen und auch nur tatsächlich benötigte Inhalte damit zu verbinden. Zusatzmaterial sollte als solches kenntlich gemacht werden.

Struktur können Sie auf verschiedenen Wegen erzeugen. Auf einer Lernplattform stehen dafür verschiedene Möglichkeiten zur Verfügung: Auf der Lernplattform Moodle bietet sich beispielsweise die Aktivität *Lektion* oder *Buch* dafür an, in Ilias das *Lernmodul*. Auch eine einfache Übersichtsseite mit erklärenden Textbausteinen kann diese Funktion übernehmen. Welche Medien Sie einsetzen, hängt von Ihren Lehrinhalten ab. Auch wenn man mit einem Medium besonders vertraut ist, ist es sinnvoll, immer wieder abzugleichen, ob es die optimale Lösung für die jeweilige Inhaltsvermittlung ist. Nachfolgend stellen wir Ihnen verschiedene Medien und einfache Möglichkeiten vor, diese selbst zu erstellen.

Videos. Bevor Sie mit der Videoproduktion starten, denken Sie bei der Vorbereitung immer wieder darüber nach, ob ein Video (lat.: ich sehe) für das aktuelle Thema tatsächlich das beste Medium ist: Bietet die visuelle Darstellung wirklich einen Mehrwert zum Audio oder zum (bebilderten) Text? Wenn Sie ein für das Auge langweiliges Video produzieren, dann ist die Gefahr des Abschweifens mangels neuer Reize und Informationen sehr hoch.

Die meisten Lehrenden stellen im Vorfeld Videos in Form von *Screencasts* zur Verfügung. Screencasts sind Bildschirmaufzeichnungen, in denen Sie z.B. eine Präsentation mit gesprochenem Kommentar aufzeichnen oder eine Software erklären können. Mit Hilfe eines (Grafik-)Tablets lassen sich auch handschriftliche Notizen „abfilmen", so dass die Entwicklung von Formeln oder die Entstehung einer Grafik dokumentiert werden kann. Eine Anleitung zum Aufnehmen von Screencasts hat Wipper (2016) erstellt. Für die Aufzeichnung benötigen Sie

- ein gutes USB-Großmembranmikrofon (z.B. Blue Yeti oder Rode NT-USB, Preis ab ca. 150 €). Wenn Sie ein sehr gutes Headset haben, können Sie auch das ausprobieren, aber die meisten sind eher auf Sprachverständlichkeit ausgelegt und haben nur einen mittelmäßigen Klang. Das interne Mikrofon des Laptops ist nicht geeignet.
- eine Aufnahmesoftware. Wir empfehlen die Software Camtasia (https://www.techsmith.de/camtasia.html, Preis ca. 200 €), die Aufnahme- und Bearbeitungsprogramm vereint. Es gibt auch zahlreiche kostenlose Tools, die aber oft an entscheidenden Stellen Funktionseinschränkungen haben. Für die Aufnahme allein können Sie z.B. die kostenlose Basisversion von Screencast-o-matic (browserbasiert, https://screencast-o-

matic.com) oder die Bordmittel ihres Betriebssystems nutzen (Windows-User: Win-Taste + G, Mac-User: Quicktime). Auch MS Powerpoint bietet seit 2010 eine Aufnahmefunktion, mit der erstellte Folien mit Audiokommentar und schriftlichen Anmerkungen via Stift im Präsentationsmodus aufgezeichnet werden können.

- ein Grafiktablett (z.B. Wacom Intuos), wenn Sie gern mit einem Stift schreiben möchten, um beispielsweise Formeln herzuleiten oder Grafiken zu erläutern.

In Laboren kommen auch *Realfilme* zum Einsatz, die z.B. vorbereitend Elemente der Sicherheitsunterweisung oder Experimente zeigen. Auch hier sind beliebige Kombinationen mit zusätzlichem Audiokommentar oder schriftlichen Anmerkungen denkbar. Smartphones sind dafür heutzutage eine schnell verfügbare und qualitativ in vielen Fällen völlig ausreichende Alternative zu klassischen Filmkameras. Wer häufiger damit arbeitet, kann mit einem Smartphonehalter plus Mikrofonstativ oder einem Gimbal (bildstabilisierender Halter) seine Aufnahmen verbessern. Für Audioaufnahmen gibt es direkt ansteckbare Lavaliermikrofone, kleine Clip-Mikrofone für den Hemdkragen.

Grundlegende Gedanken und Erkenntnisse zum Lehren und Lernen mit Tutorials und Erklärvideos finden Sie bei Dogerloh und Wolf (2020). Wenn Sie Realfilme drehen möchten, ist die etablierte Plattform https://www.e-teaching.org/technik/aufbereitung/video eine gute Anlaufstelle. Nicht explizit für die Lehre, aber dennoch eine Empfehlung zum besseren Verständnis, wie Bilder im filmischen Kontext wirken, ist das kurze, erfahrungsreiche Buch zu den Grundregeln für die Filmerei von Schettler (2013).

Zur *Nachbearbeitung* von Screencasts und Realfilmen stehen ebenfalls einfache Tools von Windows (in der App „Fotos“) oder Mac (iMovie) zur Verfügung. Fortgeschrittene können sich die professionellen Videoschnittprogramme Shotcut (https://shotcut.org/, freie Software, open source) oder auch DaVinci Resolve anschauen. Letzteres wurde eigentlich für die Farbkorrektur entworfen, ist aber auch gut für den Videoschnitt verwendbar (https://www.blackmagicdesign.com/de/products/davinciresolve, für Einzelnutzer kostenlos).

Audios. In den vergangenen Jahren hat außerdem die Nutzung von *Podcasts* deutlich zugenommen. Sie sind eine gute

Wahl, wenn Ihre Inhalte nur von wenig Bildmaterial begleitet werden wie von einigen Stichpunkten auf Präsentationsfolien. So können sich die Studierenden besser auf das Gesagte konzentrieren, ohne von der Erwartung eines neuen visuellen Reizes oder dem Mitlesen abgelenkt zu werden. Der Produktionsaufwand ist gegenüber einem Video zudem deutlich geringer. Wir empfehlen für die Aufnahme, wie beim Screencast, ein gutes USB-Großmembranmikrofon (z.B. Blue Yeti oder Rode NT-USB, Preis ab ca. 150 €). Für die Aufzeichnung und Nachbearbeitung können Sie das für alle Plattformen verfügbare Open-Source-Programm Audacity (https://www.audacityteam.org) nutzen. Detaillierte Anleitungen und praxiserprobte Tipps zur Aufnahme von Podcasts finden Sie in den Büchern von Hagedorn (2018) und Vassilian (2018). Beide sind nicht direkt auf die Lehre zugeschnitten, enthalten aber neben den technischen Details grundlegende Gedanken zum Storytelling, die Ihnen gute Impulse für die Gestaltung fachlicher Inhalte geben werden.

Texte. Auch Texte können für die Vorbereitung eingesetzt werden. Wichtig ist dabei Ihr Zuschnitt auf das konkrete Lernziel. Anstelle eines ganzen Skripts stellen Sie besser wochenweise die relevanten Abschnitte ein oder verweisen beim vollständigen Skript auf die passenden Kapitel. Wenn die Studierenden die Texte im Internet lesen und/oder recherchieren sollen, dann können Sie das in einem *Webquest* anleiten. Hierbei handelt es sich um eine angeleitete Literaturrecherche, die in einen interessant-spielerischen Rahmen mit Entdeckercharakter eingebunden wird wie z.B. die Geschichte(n) um „Die brennende Bibliothek des antiken Alexandria. Eine internet- und quellenkritische Analyse für Studierende der Alten Geschichte und der Didaktik der Geschichte“ (https://www.zum.de/Faecher/Materialien/gejic).

Tests. Kleine Selbsttests können die studentische Vorbereitung abrunden. Nutzen Sie dafür am besten die Testfunktion Ihrer Lernplattform, dann können Sie sich die Ergebnisse, ggf. auch anonymisiert, im Vorfeld anschauen und gewinnen einen ersten Eindruck vom Vorbereitungsstand.

Die Erstellung von Lernmaterialien nimmt meist viel Zeit in Anspruch. Darüber hinaus kann man schnell aus dem Blick verlieren, wofür diese eigentlich da sind: um für die Präsenz mehr Zeit für das gemeinsame Lernen zu gewinnen. Planen Sie daher bei der Vorbereitung Ihrer Lehrveranstaltung ausreichend Zeit für die Feinkonzeption der gemeinsamen Zeit im Hörsaal ein. Einige Ideen dafür haben wir Ihnen bereits in Kapitel 5.2.1 vorgestellt.

Eine Methode, für die die Zeit sonst oft nicht ausreicht, möchten wir Ihnen dabei besonders ans Herz legen: das *Aktive Plenum*. Die Methode kommt völlig ohne digitale Medien aus, hat sich aber gerade im Zusammenspiel mit der selbstgesteuerten Vorbereitungsphase bewährt. Das *Aktive Plenum* ist eine Möglichkeit, Studierende gemeinsam komplexe Aufgaben lösen zu lassen und dabei sowohl Lösungswege als auch mögliche Fehler transparent zu machen. Die Studierenden tragen hier selbst die Verantwortung für den Lehr-Lernprozess und werden sensibilisiert für die „Illusion des Verstehens", da sie das in der Vorbereitung angeeignete Wissen direkt auf seine Transferfähigkeit prüfen können (Spannagel, 2011). Durch die selbständige Erarbeitung der Lösung werden Kompetenzerleben und Erfolgszuversicht gestärkt (vgl. Kap. 2.3).

Das *Aktive Plenum* kann in kleineren Gruppen (d.h. Gruppengrößen ab 15 Teilnehmenden) stattfinden, wurde aber auch in Vorlesungen mit 80-100 Teilnehmenden erfolgreich erprobt (Spannagel, 2011). Der zeitliche Umfang orientiert sich an der Komplexität der Aufgabe und sollte genug Puffer für spontane Diskussionen beinhalten.

Und so funktioniert es:

1. Erläutern Sie die Aufgabe, die sich im Fall des ICM auf die selbst erarbeiteten Inhalte stützt. Die Aufgabe sollte komplex genug sein, um nicht in kurzer Einzel- oder Partnerarbeit selbst gelöst werden zu können. Wenn es sich inhaltlich anbietet, kann das erste Nachdenken mit Think-Pair-(Share) (vgl. Kap. 4.3.2) angeregt werden.
2. Bitten Sie zwei Studierende, die Moderation und das Anschreiben bzw. Protokollieren der einzelnen Lösungsschritte an der Tafel oder auf einem Flipchart zu übernehmen. Beide werden explizit von der Verantwortung befreit, inhaltlich etwas beizutragen, was zu deren Entlastung sehr wichtig ist. Wird das Aktive Plenum in einer Gruppe zum ersten Mal durchgeführt, können die Aufgaben der beiden Rollen (vgl. Abbildung 8) auch dauerhaft sichtbar auf einem Flipchart angezeigt werden.

Abbildung 8: Rollen und Aufgaben im aktiven Plenum (eigene Darstellung)

3. Ziehen Sie sich als Lehrperson in den hinteren Bereich des Raums zurück und übergeben Sie dem Plenum die Lösung der Aufgabe. Sie sollten soweit aus dem Geschehen heraustreten, dass auch keine Rückversicherung bezüglich des Lösungsweges über Blickkontakt möglich ist. Die Studierenden sind nun angehalten, durch Wortmeldungen die einzelnen Lösungsschritte selbst zu finden. Die größte Herausforderung für Sie ist es, die richtige Balance in der Begleitung zu finden: Stellen Sie sich einerseits darauf ein, Stille auszuhalten und vertrauen Sie darauf, dass sich jemand trauen wird, den ersten oder nächsten Schritt zu machen. Auch Fehler sollten Sie zulassen, zumindest in vertretbarem Rahmen. Manövrieren sich die Studierenden zu weit in eine Sackgasse oder haben Sie die Befürchtung, dass bei einer Weiterführung Falsches zu weit vertieft wird, dann sollten Sie nach dem Prinzip der minimalen Hilfe auf einen passenden Zwischenschritt zurückleiten.
4. Fassen Sie am Ende die zentralen Aspekte noch einmal zusammenfassen, um Wichtiges zu verankern. Planen Sie außerdem zum Abschluss Zeit für das Abschreiben der richtigen Lösung ein, damit das während der gemeinsamen Arbeitsphase nicht ablenkt.

Das Aktive Plenum muss nicht in jeder Veranstaltung durchgeführt werden, aber ein regelmäßiger Einsatz der Methode kann die Motivation zur besseren Vorbereitung auf die Veranstaltung unterstützen. Wenn Sie Gelegenheit haben, bei erfahrenen Kolleg*innen zu hospitieren - nutzen Sie sie!

Wie die Umstellung einer klassischen Lehrveranstaltung auf das ICM mit selbst erstellen Medien und einem Aktiven Planum konkret aussehen kann, zeigt das folgende Beispiel einer großen Mathematikveranstaltung, die von über 500 Studierenden besucht wird.

Das ICM am Beispiel einer großen Mathematikvorlesung

klassisch
In der Veranstaltung gibt es drei Formate, die miteinander verzahnt sind: eine klassische Vorlesung, eine Großübung mit allen Studierenden und kleine Tutorien mit jeweils 20-25 Studierenden. In einer großen Vorlesung werden i.d.R. mathematische Grundlagen erläutert und Beweiswege vorgeführt. Die Großübung ergänzt diese um exemplarische Rechenbeispiele, die dann im Tutorium unter Anleitung fortgeschrittener Studierender in verschiedenen Varianten von den Studierenden selbst gerechnet werden. Den größten Teil des eigentlichen Lernens, nämlich das selbständige Lösen von Aufgaben auch über Fehler und längere Irrwege, erledigen die Studierenden zu Hause.

ICM
Im ICM wird dieses Verhältnis umgekehrt, und die Inhaltserschließung mit Hilfe passender Lernmaterialien findet durch die Studierenden selbstgesteuert im Vorfeld statt. Den Studierenden stehen dafür extra kommentierte Teile aus der Vorlesung, exemplarische Rechenaufgaben sowie Beweisführungen per Video und Ausschnitte eines Skripts auf einer Lernplattform strukturiert zur Verfügung. Fragen zu den Materialien können im Forum auf der Lernplattform gestellt werden. Sowohl andere Studierende als auch die Lehrenden können darauf direkt antworten. Kleine, automatisch ausgewertete Selbsttests ermöglichen den Studierenden, ihren Lernstand im Anschluss an jede Einheit zu überprüfen.
In der Vorlesung rücken nun Vertiefung und Anwendung in den Vordergrund. Der Auftakt der Veranstaltung mit einem kleinen Quiz hilft Lehrenden und Studierenden, den aktuellen Wissensstand auf aktivierende Weise zu erheben. Daran anknüpfend werden noch offene Fragen aus dem Forum und weitere Rückfragen durch die Lehrperson beantwortet. Die anschließende Gestaltung und Methodenauswahl ist themenabhängig und könnte z. B. eine Beweisführung enthalten, die von den Studierenden in Form eines *aktiven Plenums* selbst durchgeführt wird (vgl. Kap. 5.2.2). In Großübung und Tutorium ist mehr Zeit für kooperative Lerngelegenheiten, wie gemeinsames Rechnen in kleinen Gruppen, das von dem*der Tutor*in zurückhaltend begleitet wird. Die letzten zehn Minuten jeder Veranstaltung werden genutzt, um den aktuellen Lernstand zu reflektieren z. B. mit einem Muddiest-Point-Feedback (vgl. Kap. 4.2.1), das aufzeigt, welche Inhalte noch unklar geblieben sind.

5.3 Die Praxisunterstützung: Projekte online begleiten

Eine Aufgabe: Stellen Sie sich vor, Sie stehen in der Ecke eines Raumes mit dem Gesicht zur Wand. Nun gehen Sie in die Hocke. Zwischen Ihnen und den beiden Wandseiten entsteht ein Hohlraum. Machen Sie etwas daraus! – Sie fragen sich vielleicht nun, was genau Sie jetzt „daraus machen" sollen. Das fragen sich viele Studierende am Beginn Ihres Kunststudiums vermutlich auch, in denen die Semesterprojekte in solcher oder ähnlicher Art formuliert sind. Die größte Herausforderung in vielen künstlerischen Fächern besteht darin, sich selbst aus einem gegebenen Rahmen eine Aufgabe zu stellen und diese dann mit künstlerischen Methoden zu bearbeiten. Für eine faire und angemessene Bewertung einer solchen Leistung reicht es nicht, sich die Ergebnisse anzuschauen. Auch die Zwischenschritte sind dafür relevant und gleichzeitig auch eine Möglichkeit, sich innerhalb der Gruppe oder mit den Lehrenden über den aktuellen Stand auszutauschen.

Diese Aufgabe folgt wie die meisten Projektarbeiten in der Lehre einem immer ähnlichen Muster: In einer Startphase werden die Rahmenbedingungen für das Projekt festgelegt. Die Studierenden erhalten oder finden, wie im eingangs erwähnten Beispiel, eine konkrete Aufgabenstellung. In einem Ablaufplan mit Meilensteinen werden einzelne Arbeitspakete festgelegt und auch, wer diese bis wann bearbeitet. Die Startphase wird außerdem dazu genutzt, das Kennenlernen und soziale Zusammenwachsen der Gruppen zu fördern (vgl. Kap. 2.2). In der folgenden Durchführungsphase wird die Projektarbeit durch Feedback-Gespräche und exemplarische Rückmeldungen unterstützt. Hierbei können sowohl methodische als auch fachliche Aspekte thematisiert werden, wobei die Unterstützung eher beratender als direkt helfender Natur ist, um die Verantwortung für die Arbeitsergebnisse auf Seiten der Studierenden zu lassen. Auch die gemeinsame Besprechung aller Ergebnisse der Projektgruppen kann themenabhängig sinnvoll sein, um Studierenden die Gelegenheit zur Präsentation eines Zwischenergebnisses zu geben und im Diskurs Anregungen aufzunehmen. Am Ende wechselt die Lehrperson die Rolle von der Begleitung zur Beurteilung und bewertet rückblickend Arbeitsprozess und -produkt.

Für diese Form von Lehre können digitale Medien eine wertvolle Ergänzung sein, weil sie sowohl das (Mit-)Teilen von Zwischenergebnissen als auch den Austausch zwischen den Studierenden und Lehrenden erleichtern können. An dieser Stelle möchten wir Ihnen daher mögliche digitale Tools zur Begleitung und Unterstützung von Projektarbeiten aller Fachrichtungen vorstellen, in denen neben dem Ergebnis der Arbeitsprozess und dessen Begleitung durch die Lehrenden wichtig ist. Zur Projektarbeit in der Lehre gibt es vom Führen eines Feedbackgesprächs bis zu Kriterien für die Bewertung einzelner Leistungsnachweise umfangreiche Literatur. Wenn Sie in diese Themen gern tiefer einsteigen möchten, empfehlen wir Ihnen die Arbeiten von Rummler (2012), Buff Keller und Jörissen (2015) sowie Dirsch-Weigand und Hampe (2018).

Wenn Sie Projektarbeiten online begleiten, setzt das ein digitales Management-System voraus, in dem Sie und die Studierenden immer übersichtlich sehen, wo die Studierenden gerade stehen und welche Zwischenergebnisse sie bereits erarbeitet haben. Das können sowohl Gruppen- als auch Einzelarbeiten sein. Auf der anderen Seite sollten die Studierenden ihre Ergebnisse dort schnell und einfach eintragen oder teilen können, ggf. auch in unterschiedlichen Medienformaten wie Texten, Bildern, Audio- oder Videodateien. Die meisten Lernplattformen sind dafür nicht konzipiert, da sie in erster Linie für die Bereitstellung von Materialen seitens der Lehrenden gedacht sind. Es gibt jedoch eine Reihe von sogenannten webbasierten Content-Management-Systemen (CMS), die sich sehr gut dafür eignen. Auch wenn man es nicht sieht: Fast alle Webseiten basieren auf einem CMS, da hier die Verwaltung der Inhalte und auch Änderungen am Design der Webseite ohne Programmierkenntnisse möglich sind. Meist können mehrere Benutzer*innen angelegt werden, die unterschiedliche Rechte für die Bearbeitung der Seiten haben. Der Zugriff erfolgt über den Webbrowser, so dass auch von verschiedenen Rechnern oder mobilen Endgeräten Einträge möglich sind. Ob die dabei entstehenden Inhalte dann öffentlich oder z.B. nur für die Lerngruppe sichtbar sind, können Sie selbst einstellen.

Es gibt eine Vielzahl von CMS, die sich in ihrer grundlegenden Logik unterscheiden. Zwei besonders für die Lehre geeignete möchten wir Ihnen mit ihren Vor- und Nachteilen vorstellen: Zum einen das Wiki, ein CMS-Typ auf dem auch die Wikipedia basiert (Kap. 5.3.1). Und zum anderen den Blog (Kurzform für Weblog), der sich aus der Idee eines Online-Tagebuchs entwickelt hat (Kap. 5.3.2).

Bevor Sie sich für eine Plattform entscheiden, können Ihnen die nachfolgenden Fragen bei der Planung der Projektdokumentation helfen. So stellen Sie sicher, dass das Dokumentationstool auch gern genutzt und als wichtiger Bestandteil der gesamten Aufgabe wahrgenommen wird:

Rhythmus und Umfang. Wann sollen welche Schritte mindestens dokumentiert werden? Wie umfangreich soll die Darstellung der Zwischenergebnisse sein? Können die über das Semester entstandenen Texte in gleicher Form für den Abschlussbericht genutzt werden? Muss es diesen dann noch geben oder kann z.B. ein Wiki oder Blog (vgl. Kap. 5.3.1 und 5.3.2) das Ergebnis sein? Es ist wichtig, diese Aspekte gleich zu Beginn bei der Projektplanung zu besprechen, da die Dokumentation der Projektarbeit meist nicht synchron zum Rhythmus der Gesamtveranstaltung erfolgt und so schneller aus dem Blick gerät.

Feedback. Geben Sie zu jeder anfangs vereinbarten Abgabe eine Rückmeldung? Dürfen die Studierenden auch mit einem Feedback auf zusätzlich eingereichte Zwischenergebnisse rechnen? Wie lange brauchen Sie voraussichtlich für eine Rückmeldung? Überlegen Sie sich außerdem im Vorfeld, wie stark korrigierend Ihr Feedback sein soll und teilen Sie auch das den Studierenden mit. Eine umfassende Kontrolle ist an dieser Stelle nicht Ihre Aufgabe und steht auch im Widerspruch zu der geforderten Selbständigkeit, die die Projektarbeit erfordert. Andererseits ist es ein Unterschied, ob Sie sich z.B. mündlich mit einer Arbeitsgruppe austauschen oder ob lückenhafte Ergebnisse auf einem Blog stehen, wo alle diese dauerhaft vor Augen haben. Wenn Sie das gleich am Anfang thematisieren, vermeiden Sie später Frustration aufgrund einer falschen Erwartungshaltung auf Seiten der Studierenden.

Exklusivität. Dazu ein Beispiel: In vielen Firmen gibt es sehr gute interne Dokumentationen für neu eingestellte Mitarbeiterinnen und Mitarbeiter darüber, wie genau welcher Prozess funktioniert. Aber kennen Sie das? Wenn es gleichzeitig eine nette Kollegin nebenan gibt, die eine konkrete Frage auch so schnell beantworten kann, dann ist das für die meisten schneller und einfacher, als nach den passenden Unterlagen zu suchen. Allerdings ist das hauptsächlich für den Neuen nützlich, nicht aber für die Kollegin, die eigentlich entlastet werden sollte. Das gleiche Phänomen haben wir vielfach in unserer Arbeit beobachtet. Wenn Lehrende eine parallele Betreuung zum Dokumentationstool anbieten, Projektunterlagen schnell doch noch mal per E-Mail versenden (obwohl sie auf der Plattform liegen) oder immer für spontane Feedbackgespräche zwischen Tür und Angel zur Verfügung stehen, dann sinkt die Motivation bei manchen Studierenden, die eigentlich dafür vorgesehene Plattform zu nutzen. Überlegen Sie daher im Vorfeld: Was möchten Sie ausschließlich über das Tool machen? Alle Unterlagen (z.B. auch Aufgabenstellung, Bewertungskriterien usw.) bereitstellen, Feedback geben (z.B. über eine Kommentarfunktion), Abgaben annehmen?

Medienformate. Erwarten Sie in der Dokumentation viele Bilder oder andere Medien wie Audio- und Videodateien? Erwarten Sie längere Texte, die auch durch Elemente wie Unterüberschriften, Aufzählungszeichen etc. strukturiert werden sollen? Bei der Toolauswahl sollte das ausschlaggebend sein. Wenn die Technik die Studierenden in der Darstellung limitiert oder zu kompliziert ist, dann besteht die Gefahr, dass sich der Inhalt dem unterordnet: Wenn Studierende z.B. ein kurzes Video zu ihrem Versuch gemacht haben und dann feststellen, dass sie es nur über Umwege in das Tool einfügen können, dann ist die Wahrscheinlichkeit hoch, dass sie beim nächsten Mal lieber schnell ein paar Bilder machen, obwohl das Video einen Mehrwert gehabt hätte.

Um Ihnen die Auswahl der richtigen Plattform zu erleichtern, stellen wir Ihnen nachfolgend zwei verschiedene Varianten vor. Meist müssen Sie das favorisierte System selbst installieren (lassen). Manche Hochschulen bieten auch schon vorinstallierte Plattformen an, die Sie für die Lehre nutzen können. Auf jeden Fall lohnt es sich, vorab bei der zuständigen IT-Abteilung nachzufragen: Manchmal sind Systeme installiert, aber nicht für diesen Einsatzzweck dokumentiert. Falls Sie die Plattformen selbst installieren (lassen) möchten, finden Sie in beiden Kapiteln konkrete Softwareempfehlungen.

5.3.1 Ein Text aus mehreren Federn – kollaborative Gruppenarbeit im Wiki

Das Wiki ist ein CMS, in dem die kollaborative Erarbeitung von Texten im Vordergrund steht. Das bekannteste Wiki ist die Online-Enzyklopädie Wikipedia, an der die Haupteigenschaften von Wikis sehr gut sichtbar sind:

1. *Kollaborativ.* Die Inhalte können von allen Nutzerinnen und Nutzern bearbeitet bzw. ergänzt werden. Diese Möglichkeit regt auch den Austausch unter den Beitragenden an, der bei Wikipedia gut an den Diskussionsseiten zu den Inhaltsbeiträgen verfolgt werden kann. Durch die mehrseitige Kontrolle der erstellten Texte und Medien werden zudem Fehler minimiert. Eine Versionshistorie erlaubt genau zu sehen, wer wann was beigetragen hat, Gelöschtes kann wiederhergestellt werden.
2. *Einfach.* Wikis sind bewusst so einfach wie möglich gehalten. Das gilt sowohl für die technischen Möglichkeiten zur Erstellung von Inhalten als auch für die äußere Erscheinung. Auch das ist sehr gut bei Wikipedia zu sehen: Die Seite sieht immer noch fast genauso aus wie bei ihrer Entstehung vor fast 20 Jahren. Es gibt keine besonderen Farben, modernen Schriftarten oder formatfüllenden Bilder.
3. *Vernetzt.* Die einzelnen Inhaltsseiten sind durch Links miteinander verbunden. Denken Sie an die Navigation durch Wikipedia: Meist beginnt diese mit der Suche nach einem konkreten Begriff, von dem aus Sie immer weiter über verlinkte Seiten navigieren. Diese Struktur entsteht i.d.R. „bottom-up" durch Verlinkungen, die von bestehenden Seiten ausgehen, weil bestimmte Begriffe oder Aspekte eines bestehenden Textes näher ausgeführt werden sollen. Auch Rückverweise sind möglich, so dass am Ende kein lineares System entsteht, sondern eines mit einer netzförmigen Struktur, ein sogenannter Hypertext.

Diese Eigenschaften machen Wikis auch zu einem passenden Tool für die Projektdokumentation. Für den Einsatz in der Lehre möchten wir Ihnen noch einige praktische Hinweise zu den genannten Merkmalen geben. Da viele Studierende bislang noch nicht in einem Wiki gearbeitet haben, können Sie die aus Ihrer Sicht besonders wichtigen Punkte auch zu Beginn der Projektarbeit in einer Auftaktveranstaltung thematisieren:

Das *kollaborative Erstellen von Inhalten* ist in der Projektdokumentation Chance und Herausforderung gleichermaßen. Auf der einen Seite kann man die Arbeit im Wiki als Mikrokosmos für die Wissenschaft verstehen: Wissenschaftliche Arbeit ist immer ein kollaborativer Prozess, der die eigenen Erkenntnisse in Bezug zu dem setzt, was andere schon gemacht haben. Ein offener, transparenter Austausch unter den Studierenden wird dadurch gefördert (Thelen & Gruber, 2003). Wenn an den Inhalten innerhalb der Gruppe wirklich kollaborativ gearbeitet und nicht nur nach dem Prinzip „Ich mache Teil A, du Teil B" sequenziell aneinandergereiht wird, dann besteht auch großes Potential, untereinander mehr als die inhaltlichen Aspekte zu lernen: So wird z.B. deutlich, dass man aus einem Experiment zu unterschiedlichen Schlussfolgerungen kommen und diese auch auf mehreren Wegen nachvollziehbar argumentieren kann. Da man bei einem Text im Wiki erst einmal nicht sieht, wer genau diesen erstellt hat, unterstützt das Wiki einen wissenschaftlichen Schreibstil, der unpersönlich und wertungsarm ist. Die Autorinnen und Autoren werden erst in der Versionshistorie sichtbar, die die Lesenden extra öffnen müssen. Im Gegensatz dazu ist z.B. beim Blog (vgl. Kap. 5.3.2) sofort sichtbar, wer einen Text geschrieben hat, weil der Name vor oder nach dem Text angezeigt wird.

Auf der anderen Seite ist die größte Herausforderung der kollaborativen Arbeit, dass Studierende daran gewöhnt sind, nach ihrer Einzelleistung bewertet zu werden und die Hemmschwelle, die Inhalte anderer Gruppenmitglieder zu ergänzen oder zu diskutieren, oft hoch ist. Hier können Sie als Lehrende*r viel dafür tun, um diese Schwelle zu senken: Weisen Sie aktiv bereits zu Beginn der Projektarbeit darauf hin, dass das ein Lernprozess ist, der dem wissenschaftlichen Arbeiten zuträglich ist. Außerdem muss nicht jeder Inhalt gemeinsam erstellt werden. Im Rahmen der Projektplanung können Sie Hinweise geben, welche Teilergebnisse von einzelnen Gruppenmitgliedern erstellt werden können und bei welchen die gemeinsame Erarbeitung einen besonderen Mehrwert hat. Das kann Ihnen auch die Bewertung erleichtern, denn Sie haben dann sowohl Einzel- als auch Gruppenergebnisse vorliegen.

Ein großes Plus für den Einsatz in der Projektarbeit ist die *Einfachheit* des Wikis. Das Erstellen und Bearbeiten von Texten geht für die Studierenden sehr schnell. Das Einfügen von anderen Medien (Bilder, Videos, Audios) ist möglich, aber in der Darstellung begrenzt (Abstand zum Text, Textumfluss usw.). Das sollten Sie im Blick haben, wenn Sie viele Grafiken, Fotos oder Videos erwarten, die nicht nur illustrierenden Charakter haben, sondern wie in künstlerischen Bereichen auch einen Teil der Leistung ausmachen. Prüfen Sie vorher, ob das Wikisystem Ihrer

Wahl die erwarteten Medienformate auch anzeigen bzw. abspielen kann.

Die *Struktur* in einem Wiki ist nicht hierarchisch, sondern netzartig. Einen Überblick über alle Seiten können Sie sich zwar verschaffen (meist über gesonderte Überblicksseiten), aber oft muss man hier Einschränkungen in Kauf nehmen (z.B. nur alphabetische Anzeige aller Seiten). Wenn es Ihnen wichtig ist, dass die Inhalte in einer Navigation oder über eine Kategorisierung sortierbar sind, dann wählen Sie ein entsprechendes Wikisystem aus.

Manche Hochschulen betreiben ein eigenes Wikisystem. Wenn das bei Ihnen nicht der Fall ist, können Sie mit überschaubarem Aufwand selbst ein Wiki installieren (lassen). Zwei, mit denen wir gute Erfahrungen gemacht haben sind das MediaWiki und das Dokuwiki. Beide sind online sehr ausführlich dokumentiert, so dass man auch bei möglichen Fehlern diesen schnell auf die Schliche kommt:

- *MediaWiki*: Auf dieser Software basiert auch die Wikipedia. Sie ist frei, hat den gewohnten Wikipedia-Look und die Möglichkeit, Inhalte zusätzlich durch Kategorien zu strukturieren (https://www.mediawiki.org/wiki/MediaWiki)
- *Dokuwiki*: Ebenfalls eine Open-Source-Lösung, trägt es seine Bestimmung bereits im Namen: Es wurde extra für einfaches Dokumentieren entwickelt und bietet eine Strukturierung über sogenannte Namensräume, die sich an der vom eigenen Rechner bekannten Ordnerstruktur orientieren (https://www.dokuwiki.org/dokuwiki).

Ein Wiki funktioniert gut in kleineren Gruppen ab 3-4 Personen. Nach oben sind technisch keine Grenzen gesetzt, aber je mehr Studierende in einem Wiki in parallelen Arbeitsgruppen arbeiten, umso stärker muss die Strukturvorgabe sein, weil ein organisches Wachsen dann schwieriger wird. Stellen Sie sich vor, vier sonst völlig unabhängige Gruppen führen eine Datenanalyse durch und Gruppe 1 legt einen Text mit dem Titel „Datenanalyse“ an – was machen nun die anderen? Doppelstrukturen sind in einem Wiki bei manchen Tools möglich, aber oft fehleranfällig. Es ist für Sie daher sinnvoll, sich eher an gemeinsamen Aufgaben zu orientieren als an der reinen Teilnehmendenzahl.

Wenn das Wiki am Ende öffentlich zur Verfügung stehen soll, denken Sie vorab an den Datenschutz: Wenn die Studierenden das nicht möchten, muss ihr Name nicht im Internet erscheinen. Vereinbaren Sie in diesem Fall am besten gleich zu Beginn der Projektarbeit Kürzel nach einem bestimmten Schema, das die Personen für die Öffentlichkeit anonymisiert, für Sie als Lehrende aber trotzdem erkennbar macht. Unserer Erfahrung nach bestehen hier aber nur selten Hemmungen, oft sind Studierende auch stolz auf ihren sichtbaren Beitrag und erleben sich hierin auch als sehr selbstwirksam, was die Lernmotivation positiv beeinflusst (vgl. Kap. 2.3).

Wie genau der Einsatz eines Wikis zur Projektbegleitung eingesetzt werden kann, möchten wir Ihnen an einem Beispiel zeigen:

Beispiel für den Wikieinsatz

- Lehrveranstaltung (hier: Projekt): Kopfweiden und Waldmoore – Kulturlandschaft und Klimaschutz am Beispiel des Biosphärenreservats Flusslandschaft Elbe
- Umfang: Projekt über 2 Semester, 12 SWS
- Teilnehmende: Studierende der TU Berlin
- Link: https://www.klima.tu-berlin.de/dokuwiki-vp14_15

In einem fächerübergreifenden Projekt („Ökologie und Umweltplanung" sowie „Landschaftsplanung und -architektur") an der TU Berlin hat sich eine Gruppe von 11 Studierenden mit dem Thema „Kopfweiden und Waldmoore – Kulturlandschaft und Klimaschutz am Beispiel des Biosphärenreservats Flusslandschaft Elbe" beschäftigt. Ziel des Projektes war es, die ökologische Verknüpfung typischer landschaftsprägender Elemente der Prignitz (Kopfweiden, Waldmoore) mit der umgebenden Kulturlandschaft zu untersuchen. Im Rahmen des Projektes fanden zwei mehrtägige Exkursionen statt, in denen umfangreiche, kleinklimatische Messungen durchgeführt wurden.

Zu Beginn der Projektarbeit wurde ein Wiki eingerichtet, das anfangs leer war. Alle Studierenden erhielten einen eigenen Zugang mit Schreibberechtigung, mit dem sie selbst Texte erstellen, Bilder einfügen und eine passende Struktur erzeugen konnten. Außerdem wurde ein Projektplan erstellt, in dem auch Daten für die Dokumentation von Teilergebnissen festgehalten wurden. Eine Kurzeinführung in die Funktionsweise des Wikis fand in einer der ersten Präsenzveranstaltungen statt. Da die meisten

Systeme und auch das hier verwendete Dokuwiki sehr gut im Internet dokumentiert sind, wurde von den Studierenden für Detailfragen (Bilder mit Unterschriften einfügen, Navigation erstellen...) auch Eigeninitiative im Sinne einer eigenen kurzen Webrecherche erwartet. Das Wiki diente in der gesamten Veranstaltung als Dokumentationstool, auch über die Projektarbeit hinaus. So wurden zum Beispiel auch die Zusammenfassungen der in Präsenz stattfindenden Literaturbesprechungen darin abgelegt und die Relevanz und Einsatzmöglichkeit verschiedener Datenanalysetools in Bezug zum gegebenen Untersuchungsthema dargestellt. Die Kernaufgabe des Wikis bestand jedoch in der begleitenden Dokumentation der Exkursionen, der Durchführung von Messungen und der Schlussfolgerungen, die sich daraus ergeben haben.

Aufgrund der Gruppengröße und auch des Aufgabenumfangs konnten nicht immer alle Studierenden an allen Aktivitäten und Aufgaben gleichermaßen beteiligt werden. Immer wieder haben sich für einzelne Schritte Kleingruppen gebildet, die bestimmte Aspekte genauer beleuchtet haben. So wurden z.B. Messungen in der großen Gruppe durchgeführt, die Auswertung dann aber auf vier kleinere Gruppen verteilt. Bei der darauf aufbauenden Ableitung zweier Pflege- und Entwicklungspläne haben sich daraus wieder zwei neue Gruppen formiert. Da immer alle Daten und Ergebnisse für alle verfügbar waren, gestaltete sich das vergleichsweise einfach. Auf eine zeitnahe und vollständige Dokumentation haben die Lehrenden geachtet und ggf. in den wöchentlich stattfindenden Plena auf Lücken hingewiesen. Dabei sollten die Studierenden nicht nur Fakten und Daten eintragen, sondern z.B. auch, welche Fragestellungen sich für das Projekt während der Exkursion und im Austausch mit Expert*innen neu ergeben haben. Diese wurde von den Lehrenden in der Präsenzveranstaltung aufgegriffen und diskutiert. Zum Ende des Projektes wurden im Wiki auch die geforderten Endberichte als Datei sowie eine kurze Zusammenfassung als Fließtext eingestellt.

Bei Gruppenarbeiten (z.B. ein Teil der Datenauswertung) haben die Studierenden die Namen der Beteiligten immer mit angefügt, alle anderen Texte (Exkursionsbericht, themenbezogene Hintergrundrecherche usw.) wurden gemeinsam ohne explizite Angabe der Autorenschaft erstellt. Das Ergebnis können Sie sich hier ansehen: https://www.klima.tu-berlin.de/dokuwiki-vp14_15.

In diesem Beispiel zeigen sich besonders zwei Vorteile der Wikinutzung: Zum einen konnten die Lehrenden immer zeitnah sehen, ob die einzelnen Schritte methodisch korrekt durchgeführt wurden und ob die gezogenen Schlussfolgerungen richtig waren. Fehler z.B. in der Datenauswertung konnten so besprochen werden, bevor sie als Grundlage für einen Pflegeplan genutzt wurden. Zum anderen lagen immer allen Studierenden auch alle Ergebnisse in bereits kommentierter Form vor. So wurde beispielsweise auf Messauffälligkeiten und Fehler in den Daten hingewiesen sowie der Umgang damit festgehalten. Dieses hohe Maß an Transparenz fördert über den themenbezogenen Erkenntnisgewinn auch generell das wissenschaftliche Arbeiten. Dazu passt auch die von Beginn an festgelegte dauerhafte Öffnung des Wikis, das für alle im Internet zugänglich ist.

Wikis können nicht nur im Kontext von Projektbegleitungen eingesetzt werden: Vom Aufbau einer gemeinsamen Wissensbasis (ein kleines „Fach-Wiki") bis zur rein virtuellen Arbeit in internationalen Studiengängen gibt es viele weitere Einsatzszenarien, in denen sich die Nutzung eines Wikis bewährt hat. Ein Szenario haben wir Ihnen auch mit dem Rollenspiel in Kapitel 5.1.1 vorgestellt. Wenn Sie gern vertiefen möchten, wie man Wikis generell für kollaboratives Lernen einsetzen kann, empfehlen wir Ihnen weiterführend die umfassenden Beiträge von Zheng et al. (2015) und Bremer (2012).

5.3.2 Liebes Tagebuch ... – prozessorientierte Begleitung mit Weblogs

Auf dem Papier ist auch das Weblog ein CMS, aber es funktioniert ganz anders als ein Wiki: In seiner Grundidee ist es ein Webtagebuch (Web-Log), in dem man Einträge vornehmen kann, die dann umgekehrt chronologisch angezeigt werden, das Neueste immer zuerst. Genau wie beim analogen Tagebuch steht hier der einzelne Autor, d.h. die einzelne Studentin mit ihren Beiträgen im Mittelpunkt. Dementsprechend ist ein Blog besonders dann geeignet, wenn die zu erwartenden Inhalte auch mit einer Person verknüpft sind. Einen allgemeinen Überblick über verschiedene Einsatzmöglichkeiten in der Lehre haben Lujan-Mora und de Juana-Espinosa (2007) zusammengestellt.

In Bezug auf die Projektbegleitung wird beim Blog im Gegensatz zum Wiki eine Dokumentationsform gefördert, die dem Individuellen Ausdruck verleiht. Auch die hier eingestellten Projektergebnisse können und sollen natürlich einem wissenschaftlichen Anspruch genügen, aber es ist leichter, mehr Persönlichkeit und die eigene Meinung einzubringen. In dem zu Beginn des Kapitels 5.3 erwähnten Beispiel aus der Kunst wäre daher der Blog das Tool der Wahl. Der Blog bringt außerdem noch weitere Besonderheiten mit, die ihn für die Projektdokumentation in der Lehre interessant machen:

Kommentarfunktion. Jeder Beitrag in einem Blog kann von anderen kommentiert werden. Die Funktion ist meist auch abschaltbar, aber grundsätzlich bietet sie die Möglichkeit, jederzeit Feedback auf einen beschriebenen Zwischenschritt zu geben. Auch auf Kommentare kann wiederum geantwortet werden, sowohl von dem*der Autor*in als auch von anderen Studierenden. Ohne konkrete Anregung findet das nach unserer Beobachtung allerdings selten statt. Wenn Sie den Austausch anregen möchten, dann können Sie das im Projektverlauf in Form eines verbindlichen Arbeitsschritts festhalten (z.B. „Bitte kommentieren Sie mindestens zwei Entwürfe der ersten Skizzenphase Ihrer Mitstudierenden").

Statische Seiten. Zur eigentlichen Blogfunktion lassen sich seit einigen Jahren bei den meisten Blogs auch statische Seiten integrieren. Das sind Seiten im Blog, die nicht chronologisch sortiert werden, sondern immer an derselben Stelle stehen. Eine Übersicht des Projektablaufs, die Aufgabenstellung, das Bewertungsraster oder Angaben zum Kontakt zu Ihnen sind hier richtig aufgehoben.

Medienvielfalt und Designfreiheit. Im Gegensatz zum bewusst schlanken Wiki bringt der Blog sehr viele Möglichkeiten zur Gestaltung und damit zur Individualisierung mit. Medien aller Art lassen sich nicht nur komfortabel einbinden, auch die Möglichkeiten zur Darstellung sind vielfältig. Wenn Sie in Fächern unterrichten, in denen das Design eine wichtige Rolle spielt, können Sie Studierenden die Rechte geben, dieses zu verändern.

Öffentlichkeit. Ein Blog ist standardmäßig immer so eingerichtet, dass er der Öffentlichkeit zur Verfügung steht und für alle, die die Adresse kennen, im Internet erreichbar ist. Zwar können einzelne Beiträge noch mit einem Entwurfsstatus versehen „unsichtbar" oder nur mit Passwort zugänglich sein, aber das ist nur im Einzelfall praktikabel. Wenn Sie möchten, dass der Blog nur für die Studierenden sichtbar ist, dann erfordert das i.d.R. die Installation passender Erweiterungen. In der Lehre kann der abgeschlossene Bereich sinnvoll sein, wenn Sie auch reflektierende und metakognitive Beiträge erwarten, die hohen motivationalen und sozialen Wert haben können, weil der Austausch mit anderen dadurch persönlicher wird. Auf der anderen Seite hat das Wissen um die Öffentlichkeit der eigenen Beiträge große Bedeutung für die Selbstwirksamkeit und wirkt dem Gefühl entgegen, Projektarbeit „für die Schublade“ zu machen (vgl. Kap. 2.3).

Einige Hochschulen haben eigene Blogsysteme in ihre Webanwendungen integriert, manche hosten auch sogenannte Blogfarmen – das ist jeweils ein Hauptblog, von dem aus per Knopfdruck weitere, für sich stehende und frei konfigurierbare Unterblogs erzeugt werden können. Wenn Ihre Hochschule selbst kein Blogsystem aufgesetzt hat, kann es sich lohnen, in Ihrem Fachbereich zu schauen, ob es Blogportale gibt, die von übergeordneten Institutionen betrieben werden. Ansonsten besteht auch hier die Möglichkeit, dass Sie ein eigenes System installieren (lassen):

- *WordPress* (https://de.wordpress.org) ist das am häufigsten genutzte CMS weltweit. Im Wording angelehnt an die Abläufe in einer Zeitungsredaktion, bietet es neben einer schnellen Installation eine sehr gute Verwaltung der Autor*innen und viele Einstellmöglichkeiten zur Individualisierung. So können Sie z.B. in wenigen Schritten ein Autorenmenü erzeugen, das Ihnen ermöglicht, gleich von der Startseite die Inhalte nach einzelnen Studierenden oder Projekten zu filtern. Die Software ist frei verfügbar und wirbt mit der „5-Minuten-Installation“, die verspricht, dass die ersten Schritte zum eigenen Blog nur sehr wenig Zeit in Anspruch nehmen (Schmitt, 2015).
- *Textpattern* (https://textpattern.com) ist ebenso wie *WordPress* 2003 entstanden und ebenfalls frei nutzbar. Es erinnert in seiner Grundform an die Schlichtheit eines Wikis, kann aber mit Zusatzmodulen um viele Funktionen erweitert und hinsichtlich des Designs angepasst werden. Gerade die Einfachheit ist jedoch für viele ansprechend. Falls Sie sogar über eigene Programmierkenntnisse verfügen, bietet Ihnen Textpattern eine ideale Ausgangsbasis für Ihre eigenen Gestaltungsideen.

Auch die Nutzung eines Blogs mit unterschiedlichen Gestaltungsfacetten möchten wir Ihnen am Beispiel verdeutlichen. Ausgewählt haben wir dafür stellvertretend zwei Veranstaltungen an der TU Berlin: Im ersten Beispiel nutzen wir in einem neunmonatigen Weiterbildungskurs einen geschlossenen, nur für die Teilnehmenden zugänglichen Blog. Auch wenn in diesem Beispiel Lehrende und keine Studierenden teilnehmen, ist das Konzept auch problemlos auf die reguläre Hochschullehre übertragbar. Im zweiten Beispiel beleuchten wir den öffentlich zugänglichen Blog des Fachgebiets Technikgeschichte, für den Studierende in verschiedenen Fächern Beiträge im Rahmen ihrer Projektarbeiten verfassen.

Beispiel für einen seminarbegleitenden Blogeinsatz

- Titel: Online Lehre lernen (Berufsbegleitender Zertifikatskurs)
- Umfang: 9-monatiger Blended-Learning-Kurs, 9 Präsenztage, 5h/Woche Online-Aufgaben
- Teilnehmende: Lehrende der TU Berlin und anderer Hochschulen

Im ersten Beispiel begleitet der Blog, in diesem Fall eine eigene Wordpress-Installation, die Teilnehmenden durch alle Phasen des Zertifikatskurses „Online Lehre lernen“. Wir haben in den letzten 10 Jahren verschiedene Settings ausprobiert: ein eigener Blog für jede*n Teilnehmer*in, jeweils ein Blog für Kleingruppen oder ein Blog für die ganze Gruppe. Am besten bewährt hat sich die letzte Variante, da so der Austausch unter den Teilnehmenden am besten funktioniert.

Gleich zu Beginn des Kurses, beim zweiten Präsenztreffen, planen wir Zeit für eine zweistündige Einführung in die Technik des Blogs ein und verbinden diese mit den ersten eigenen Beiträgen. Dieses Vorgehen können wir sehr empfehlen, weil es nicht nur mögliche Technikhürden abbaut, sondern auch die Hemmschwelle senkt, in einem vielleicht noch unbekannten Medium Fehler zu machen. In den kommenden drei bis vier Monaten dokumentieren die Teilnehmenden die Ergebnisse konkreter Aufgaben im Blog, vom Beitrag über die eigene Lehrphilosophie bis hin zum ersten Entwurf einer exemplarischen Online- oder Blended-Learning-Einheit.

Ebenfalls über Aufgaben wird das Kommentieren anderer Beiträge gefordert, um den Austausch untereinander anzuregen. Alle können die Kommentare der anderen Teilnehmenden auch lesen und davon profitieren. Ab ca. der Hälfte der Zeit geht der Kurs in ein Praxisprojekt über, und die Prozessbegleitung entlang einiger weniger Meilensteine rückt in den Vordergrund. Nun werden hier Feinkonzeption, auftauchende Probleme, erste Berichte der Erprobung usw. dokumentiert. Gerade in dieser Phase wird auch die einfache Integration unterschiedlicher Medien wichtig: Themenbedingt entstehen im Kurs viele neue Lehrmedien, oft auch in Form von Videos oder Audiodateien. Für die Teilnehmenden ist es einfach, diese an beliebiger Stelle in ihre Dokumentation zu integrieren. Die Kommentare zu den Zwischenschritten kommen nun hauptsächlich von uns als Lehrende und das auch nicht zu jedem neuen Inhalt. Auch wenn nicht immer alle Teilnehmenden die Beiträge aller anderen lesen, so entsteht allein durch die Blogform eine auf einer Lernplattform nur schwer zu erreichende Transparenz: Dadurch, dass auf der Startseite immer automatisch die neuesten Beiträge angezeigt werden, ist der fortwährende Arbeitsprozess aller sichtbar.

Am Ende des Kurses steht eine Projektvorstellung. Diese und die gesammelten Blogbeiträge werden als Abschlussbericht angerechnet, d.h. es entsteht für die Teilnehmenden keine Doppelarbeit. Diese ist auch nicht nötig, denn im Blog können die geschriebenen Texte und Inhalte nach Autorinnen und Autoren gefiltert werden, so dass bei Bedarf alle Beiträge einer Person kompakt dargestellt werden können.

Einen anderen Ansatz verfolgt der Blog des Fachgebiets Technikgeschichte. Hier werden nicht nur studentische Beiträge gesammelt, sondern er dient auch dem ganzen Fachbereich als Kommunikationsmedium: Sowohl Laien, die sich einen Eindruck von dem Fachbereich machen möchten, aber auch Expertinnen und Experten, die auf der Suche nach neuen Erkenntnissen und Anregungen sind, werden hier fündig. Das bietet für die Studierenden einen motivierenden Rahmen, der ihre Beiträge nicht nur sichtbar macht, sondern durch ihre Gleichberechtigung auch besonders würdigt. Im Gegensatz zum vorherigen Beispiel steht hier nicht mehr die Prozessbegleitung, sondern das Produkt - hier ein bebilderter Beitrag - im Vordergrund.

Beispiel für einen die Projektergebnisse zusammenfassenden Blog

- Titel: Objektgeschichten – Zur Geschichte der Dinge
- Umfang: 3 SWS, Hauptseminar
- Teilnehmende: Studierende der TU Berlin
- Link: https://tgtub.hypotheses.org/category/lernen-und-lehren/objektgeschichten

Im Seminar „Objektgeschichten – Zur Geschichte der Dinge" waren die Studierenden im Laufe des Semesters dazu angehalten, ihre Arbeit mit den Objekten zu dokumentieren, sowohl schriftlich als auch mit Bildern. Im Seminar wurden verschiedene Geräte von der alten Festplatte bis zum noch älteren Telefon in alle Einzelteile zerlegt und fotografiert. Am Ende des Projektes war die Abgabe eines fertigen Artikels für den Blog eine Teilleistung für die Benotung. Dazu gehörte auch eine Feedbackschleife zum erstellten Inhalt, die sicherstellt, dass keine fehler- oder unzulässig lückenhaften Beiträge veröffentlicht werden. Je nach Wunsch der Studierenden wurde dabei auf dem Blog sowohl der Name als auch der Studiengang in einem kleinen Vorsatz erwähnt. Zugriff auf den Bearbeitungsbereich des Blogs haben hier nur die Lehrenden, die die Beiträge im Namen der Studierenden veröffentlichen. Auch in diesem Fall basiert der Blog auf WordPress, wird jedoch von Hypothesis gehostet und administriert, einem Blogportal für Wissenschaftler*innen aller geistes- und sozialwissenschaftlichen Fachbereiche (https://de.hypotheses.org). Die Einrichtung und Nutzung eines Blogs auf der Plattform sind kostenlos für Lehrende und Forschende wissenschaftlicher Einrichtungen.

Die letzten beiden Beispiele, aber auch die vorhergehenden Vorschläge und Ideen dieses Kapitels zeigen, dass sich Lernziele, Inhalte und Methoden auf viele Arten in Blended-Learning-Arrangements zusammenbringen lassen. Wir haben Ihnen aus der Begleitung zahlreicher Lehrprojekte Tipps und Hinweise zusammengestellt, die Ihnen die Planung dafür erleichtern. Die meisten davon sind grundlegender Natur, so dass Sie auf dieses Wissen immer wieder zurückgreifen können. Einige werden sich aber auch verändern, weil der Rahmen dafür immer in Bewegung ist: neue, flexiblere, internationale(re) Studienformate sind im Gespräch, Studierende werden zukünftig anderes Vorwissen mitbringen, an den Hochschulen wird sich die technische Infrastruktur ändern. Vielleicht werden manche unserer Beispiele in einigen Jahren selbstverständliche Praxis sein, andere werden durch neue Konzepte ersetzt. Die Geschwindigkeit, in der neue Apps, Tools und Techniken auf den Markt kommen, kann dabei zuweilen einschüchternd wirken, weil diese Bandbreite kaum noch umfänglich überblickt werden kann. Das theoretische Fundament aus diesem Kapitel wird Ihnen aber auch für diese Veränderungen und Neuerungen ein guter Wegweiser sein, so dass Sie sich heute und zukünftig mit Entdeckerfreude an die Planung und Umsetzung Ihres ersten (oder nächsten) Blended-Learning-Szenarios machen können.

6 Schlussbemerkung

Vor einigen Jahren hatten wir in einem Kurs zur Online-Lehre einen sehr motivierten Teilnehmer. Er konzipierte und plante, er nahm Videos auf und war bei uns häufig in der Beratung. Viele der Tipps, die wir für Sie in diesem Buch zusammengestellt haben, hat auch er umgesetzt. Wir waren sicher, den Studierenden würde all das nicht nur gut gefallen, sie würden auch die Arbeit und Motivation dahinter spüren. Konnten sie aber nicht, denn das meiste blieb in der Schublade: Das Konzept war aus seiner Sicht nie feingeschliffen genug, die Sprachmelodie in den Videos war nicht perfekt, die Darstellung auf der Lernplattform nicht so flexibel wie gewünscht. Geschichten wie diese können wir mittlerweile in vielen Varianten erzählen.

Wir möchten daher dieses Buch mit der gleichen Empfehlung schließen, mit der wir die meisten Kurse und Beratungen beenden: Gehen Sie Ihre ersten oder nächsten digitalen Schritte mit Gelassenheit und Neugier an! Wenn Sie z.B. noch nie ein Video gemacht haben, planen Sie erst einmal eine kleine Sequenz und starten Sie bald mit der ersten Aufnahme. Sie werden weniger Verbesserungsschleifen benötigen, als Sie anfangs denken, um zu einem guten Lehrvideo zu kommen. Wenn Sie eine neue Gestaltungsidee haben und glauben, Methode, Tool und Inhalt passen gut zusammen, dann nutzen Sie die nächste Lehrgelegenheit, um diese auszuprobieren. So merken Sie am schnellsten, was genau in Ihrem Fachbereich und bei Ihren Studierenden gut funktioniert und was nicht. Und auch, was zu Ihrer Persönlichkeit und Lehrphilosophie passt.

In diesem Sinne wünschen wir Ihnen viel Freude und Erfolg beim Ausprobieren der verschiedenen Tools und Methoden. Wir hoffen, dieses Buch ist für Sie ein guter Startpunkt und hilfreicher Begleiter auf dem Weg in die „unendlichen Weiten“ der digitalen Möglichkeiten!

Herzlich, Ihre Anja Wipper und Alexandra Schulz

7 Literatur

Anderson, L.W. & Krathwohl, D.R. (2001). *A taxonomy for learning, teaching, and assessment. A revision of Bloom's taxonomy of educational outcomes.* New York: Longman.

Angelo, T. A. & Cross, K. P. (1993). *Classroom Assessment Techniques: A Handbook for College Teachers.* 2nd Edition. San Francisco: Jossey-Bass.

Angelo, T. A. & Cross, K. P. (1993). *Classroom Assessment Techniques: A Handbook for College Teachers.* 2nd Edition. San Francisco: Jossey-Bass.

Arbeitsstelle Hochschuldidaktik AfH (1992). *Feedback einholen mit Classroom Assessment Techniques (CATs).* Universität Zürich, Arbeitsstelle für Hochschuldidaktik AfH. Online verfügbar: http://www.luchsinger-mathematics.ch/CATs.pdf

ARD/ZDF-Arbeitsgruppe Multimedia (1999). *ARD/ZDF-Online-Studie 1999: Wird Online Alltagsmedium? Nutzung von Onlinemedien in Deutschland.* Online verfügbar: http://www.ard-zdf-onlinestudie.de/files/1999/Online99_Nutzung.pdf

Bachmann, G., Dittler, M., Lehmann, T., Glatz, D. & Rösel, F. (2002). Das Internetportal „Learn Tec Net" der Universität Basel: Ein Online-Supportsystem für Hochschuldozierende im Rahmen der Integration von E-Learning in die Präsenzuniversität. In G. Bachmann, O. Haefeli, M. Kindt (Hrsg.), *Die virtuelle Hochschule in der Konsolidierungsphase, Reihe Medien in der Wissenschaft, Band 18* (S. 87-97). Münster: Waxmann.

Baumann, M. & Gordalla, C. (2014). *Gruppenarbeit: Methoden – Techniken – Anwendungen.* Konstanz: UVK.

BBC Newsnight (1999). *David Bowie speaks to Jeremy Paxman on BBC Newsnight.* Online verfügbar: https://youtu.be/FiK7s_0tGsg

Bloom, B. S., Engelhart, M. D., Furst, E. J.; Hill, W. H., Krathwohl, D. R. (1956). *Taxonomy of educational objectives: The classification of educational goals. Handbook I: Cognitive domain.* New York: David McKay Company.

Bremer, C. (2004). Szenarien mediengestützten Lehrens und Lernens in der Hochschule. In I. Löhrmann (Hrsg.), *Alice im www.underland – E-Learning an deutschen Hochschulen. Vision und Wirklichkeit* (S. 40-53). Bielefeld: Bertelsmann.

Bremer, C. (2012). Wikis in der Hochschullehre. In M. Beißwenger; N. Anskeit; A. Storrer (Hrsg.), *Wikis in Schule und Hochschule* (S. 81-120). Boizenburg: Werner Hülsbusch Verlag.

Brinker, T. & Schumacher, E.-M. (2014). *Befähigen statt belehren*. Bern: hep verlag.

Brüning, L. & Saum, T. (2015). *Erfolgreich unterrichten durch Kooperatives Lernen* (10. überarb. Aufl.). Essen: Neue Deutsche Schule Verlagsgesellschaft mbH.

Buff Keller, E. & Jörissen, S. (2015). *Abschlussarbeiten im Studium anleiten, betreuen und bewerten*. Kompetent lehren, Band 4345, Stuttgart: UTB.

Busch, M. (2018). *55 Webtools für den Unterricht*. Augsburg: Auer Verlag.

Cameron, J., Banko, K. M. & Pierce, W. D. (2001). Pervasive negative effects of rewards on intrinsic motivation: The myth continues. *The Behavior Analyst, 24* (1), 1–44.

Datenschutz-Grundverordnung DSGVO (2018). Online verfügbar: https://dsgvo-gesetz.de

De Bono, E. (1967). *The Use of Lateral Thinking*. London: Jonathan Cape.

De Bono, E. (1996). *Serious Creativity: Die Entwicklung neuer Ideen durch die Kraft lateralen Denkens*. Stuttgart: Schäffer-Poeschel.

De Bono, E. (1999). *Six Thinking Hats: An Essential Approach to Business Management*. Revised Edition. Boston: Back Bay Books.

Deci, E. L. & Ryan, R. M. (1985). *Intrinsic motivation and self-determination in human behavior*. New York: Plenum Press.

Deci, E. L. & Ryan, R. M. (1993). Die Selbstbestimmungstheorie der Motivation und ihre Bedeutung für die Pädagogik. *Zeitschrift für Pädagogik, 39* (2), 223-238.

Deci, E. L. & Ryan, R. M. (2002). *Handbook of self-determination research*. Rochester, NY: University of Rochester Press.

Deci, E. L. (1975). *Intrinsic motivation*. New York: Plenum Press.

Dennis, A., & Valacich, J. (1999). Rethinking media richness: Towards a theory of media synchronicity. *Proceedings of the 32th Hawaii International Conference of System Sciences (HICSS-32)*. Online verfügbar: https://www.researchgate.net/profile/Alan_Dennis/publication/221183042_Rethinking_Media_Richness_Towards_a_Theory_of_Media_Synchronicity/links/02e7e524ad2b6ee4d4000000/Rethinking-Media-Richness-Towards-a-Theory-of-Media-Synchronicity.pdf

Dirsch-Weigand, A. & Hampe, M. (2018) *Interdisziplinäre Studienprojekte gestalten: Aus der Praxis für die Praxis*. wbv Media. Online verfügbar: https://www.kiva.tu-darmstadt.de/media/dezernat_ii/kiva/relaunch_2/interdisz_Studienprojekte_gestalten.pdf

Dogerloh F. & Wolf, K. D. (2020). *Lehren und Lernen mit Tutorials und Erklärvideos*. Weinheim: Beltz.

Drösser, C. (2011). *Stimmt's? Moderne Legenden im Test* (2. überarb. Aufl.), Reinbek: Rowohlt Taschenbuch Verlag.

Euler, D. & Hahn, A. (2004). *Wirtschaftsdidaktik*. Bern: Haupt.

Freisleben-Teutscher, C. & Spannagel, C. (2016). Inverted Classroom meets Kompetenzorientierung. In J. Haag, J. Weißenböck, W. Gruber & C. F. Freisleben-Teutscher (Hrsg.), *Kompetenzorientiert Lehren und Prüfen*.

Basics – Modelle – Best Practices. Beiträge zum 5. Tag der Lehre an der FH St. Pölten am 20.Oktober 2016.

Gädecke, M. (2019). *Pro und Kontra – die Debating-Methode: Das professionelle Debattieren in Coaching, Training und Beratung einsetzen*. Weinheim: Beltz.

Grolnick, W. S., & Ryan, R. M. (1987). Autonomy in children's learning: An experimental and individual difference investigation. *Journal of Personality and Social Psychology, 52* (5), 890-898.

Großkurth, E.-M. & Handke, J. (2016). *Inverted Classroom and Beyond: Lehren und Lernen im 21. Jahrhundert*, Marburg: Tectum Wissenschaftsverlag.

Hagedorn, B. (2018). Podcasting: *Konzept | Produktion | Vermarktung* (mitp Audio). Frechen: mitp.

Hoffmann, S. & Kiehne, B. (2016). *Ideen für die Hochschullehre: Ein Methodenreader*. Berlin: Universitätsverlag der TU Berlin.

Keller, J. M. (1987). Development and use of the ARCS model of instructional designs. *Journal of instructional development, 10* (3), 2-10.

Keller, J. M. (1999). Using the ARCS motivational process in computer-based instruction and distance education. *New Directions for Teaching and Learning, 78*, 39-47.

Keller, J. M. (2000). How to integrate learner motivation planning into lesson planning. The ARCS model approach. *VII Semanario, Santiago, Cuba*. Online verfügbar: https://app.nova.edu/toolbox/instructionalproducts/itde8005/weeklys/2000-Keller-ARCSLessonPlanning.pdf

Keller, J.M., & Suzuki, K. (2004). Learner motivation and e-learning design: A multinationally validated process. *Journal of Educational Media, 29* (3), 229-239.

Kerres, M. & C. de Witt (2003). A didactical framework for the design of blended learning arrangements. J*ournal of Educational Media, 28*, 101-114.

Kerres, M. (2005). Didaktisches Design und eLearning. Zur didaktischen Transformation von Wissen in mediengestützte Lernangebote. In D. Miller (Hrsg.), *eLearning. Eine multiperspektivische Standortbestimmung* (S. 156-182). Bern: Haupt.

Linde, F. & Auferkorte-Michaelis, N. (2021). *Diversität in der Hochschullehre Didaktik für den Lehralltag*. Kompetent lehren. Stuttgart: UTB.

Luján-Mora, S. & de Juana-Espinosa, S. (2007). *The Use of Weblogs in Higher Education: Benefits and Barriers*. Online verfügbar: https://www.researchgate.net/profile/Sergio_Lujan-Mora/publication/228419084_The_Use_of_Weblogs_in_Higher_Education_Benefits_and_Barriers/links/0912f50647a5a6fd9b000000/The-Use-of-Weblogs-in-Higher-Education-Benefits-and-Barriers.pdf

Lyman, F. (1981). The responsive classroom discussion. In A. S. Anderson (Ed.), *Mainstreaming Digest*. College Park, MD: University of Maryland College of Education.

Macke, G., Hanke, U., Viehmann-Schweizer, P. & Raether, W. (2016). *Kompetenzorientierte Hochschuldidaktik: Lehren – vortragen – prüfen – beraten* (3. überarb. Aufl.). Weinheim: Beltz.

Martin J.-P. (2018). Lernen durch Lehren: Konzeptualisierung als Glücksquelle. In O.-A. Burow & S. Bornemann (Hrsg.), *Das große Handbuch Unterricht & Erziehung in der Schule*. Köln: Carl Link Verlag.

Mazur, E. (1997). *Peer Instruction: A User's Manual*. Upper Saddle River, NJ: Prentice Hall.

Mazur, E. (2017). *Peer Instruction. Interaktive Lehre praktisch umgesetzt*. Heidelberg: Springer Spektrum.

Means, T. B., Jonassen, D.H., & Dwyer, F. M., (1997). Enhancing relevance: Embedded ARCS strategies vs. purpose. *Educational Technology Research and Development, 45* (1), 5-18.

Mosteller, F. (1989). The "Muddiest Point in the Lecture" as a feedback device. On Teaching and Learning: *The Journal of the Harvard-Danforth Center, 3*, 10-21.

Novak, G. et al. (1999). *Just-In-Time Teaching: Blending Active Learning with Web Technology*. Upper Saddle River, NJ: Benjamin Cummings.

NZZ (2019). *Wie Porsche an der VW-Übernahme scheiterte*. Neue Zürcher Zeitung online am 22.07.2019. Online verfügbar: https://www.nzz.ch/wirtschaft/wie-porsche-an-der-vw-uebernahme-scheiterte-ld.1497469

Osborn, A: F. (1942). *How to think up*. New York: McGraw-Hill.

Reeve, J., & Jang, H. (2006). What teachers say and do to support students' autonomy during a learning activity. *Journal of Educational Psychology, 98* (1), 209-218.

Reich, J. & Ruipérez-Valiente, J. A. (2019). The MOOC Pivot. Science, 363 (6423), 130-131.

Reinmann, G. (2003). *Didaktische Innovation durch Blended Learning: Leitlinien anhand eines Beispiels aus der Hochschule*. Bern: Huber.

Reinmann, G. (2011). Blended Learning in der Lehrerausbildung: Didaktische Grundlagen am Beispiel der Lehrkompetenzförderung. *SEMINAR – Lehrerbildung und Schule, 3*, 7-16.

Reinmann, G. (2013). Didaktisches Handeln. Die Beziehung zwischen Lerntheorien und Didaktischem Design. In M. Ebner & S. Schön (Hrsg.), *L3T. Lehrbuch für Lernen und Lehren mit Technologien*. 2. Auflage. Frankfurt am Main: peDOCS. Online verfügbar: https://www.pedocs.de/volltexte/2013/8338/pdf/L3T_2013_Reinmann_Didaktisches_Handeln.pdf

Reinmann, G. (2015). *Studientext Didaktisches Design*. Online verfügbar: https://gabi-reinmann.de/wp-content/uploads/2013/05/Studientext_DD_Sept2015.pdf

Rummler, M. (2014). *Vorlesung innovativ gestalten*. Weinheim: Beltz.

Rummler, M. (2012) *Innovative Lehrformen: Projektarbeit in der Hochschule*, Weinheim: Beltz.

Schäfer A. (2012). Das Inverted Classroom Model. In J. Handke & A. Sperl (Hrsg.), *Das Inverted Classroom Model: Begleitband zur ersten deutschen ICM-Konferenz*. München: Oldenbourg Wissenschaftsverlag.

Schäfer M. (2016). Wissenschaftskommunikation Online. In H. Bonfadelli, B. Fähnrich, C. Lüthje., J. Milde, M. Rhomberg, M. S. Schäfer (Hrsg.), *For-*

schungsfeld Wissenschaftskommunikation. Wiesbaden: Springer Fachmedien.

Schettler, F. (2013). *Das stärkste Bild zuerst: Filmgestaltung für TV-Journalisten*. Banzkow: Adebor.

Schmitt, B. (2015). *Schnelleinstieg WordPress*. Haar: Franzis Verlag.

Schneider, S., Nebel, S., Beege, M. & Rey, G. D. (2018). The autonomy-enhancing effects of choice on cognitive load, motivation and learning with digital media. *Learning and Instruction, 58*, 161-172.

Schulmeister, R. (2001). Szenarien netzbasierten Lernens. In E. Wagner & M. Kindt, M. (Hrsg.), *Virtueller Campus. Szenarien – Strategien – Studium* (S. 16-36). Münster/New York: Waxmann.

Simkins, S. & Maier, M. (2009). *Just-in-Time Teaching: Across the Disciplines, and Across the Academy*. München: Stylus.

Spannagel C. (2011). Das aktive Plenum in Mathematikvorlesungen. In B. G. Spannagel (Hrsg.), *Lernen durch Lehren im Fokus. Berichte von LdL-Einsteigern und LdL-Experten. Ein Workshop-Band zum LdL-Tag 2009*, Berlin: e-publi.

Strasser, T. (2018). *Mind the App! 2.0 Inspiring tools and mobile learning activities for your class*. Esslingen: Helbling Languages.

Suzuki, K. & Keller, J. M. (1996). *Creation and cross-cultural validation of an ARCS motivational design matrix*. Paper presented at the annual meeting of the Japanese Association for Eduacational Technology, Kanazawa, Japan.

Thelen, T. & Gruber, C. (2003). Kollaboratives Lernen mit WikiWikiWebs. In: Kerres, M. & Voß, B. (Hrsg.): *Digitaler Campus. Vom Medienprojekt zum nachhaltigen Medieneinsatz in der Hochschule* (S. 356-365). Münster: Waxmann.

Vassilian, L. (2018). *Podcasting! Von erfahrenen Podcastern lernen*. Bonn: Rheinwerk.

Visser, J., & Keller, J. M. (1990). The clinical use of motivational messages: An inquiry into the validity of the ARCS model of motivational design. *Instructional Science, 19*, 467-500.

Wannemacher, K., Jungermann, I., Scholz, J., Tercanli, H. & von Villiez, A. (2016). *Digitale Lernszenarien im Hochschulbereich. In Hochschulforum Digitalisierung. Arbeitspapier 15*. Online verfügbar: https://his-he.de/fileadmin/user_upload/Publikationen/Hochschulforum_Digitalisierung/pub_hfd_ digitale_lernszenarien.pdf

Winiecki, D., Fenner, J.A. & Chyung, Y. (1999). Evaluation of effective interventions to solve the drop out problem in adult distance education. In B. Collis & R. Oliver (Eds.), *Proceedings of ED-MEDIA 1999--World Conference on Educational Multimedia, Hypermedia & Telecommunications* (pp. 51-55). Seattle, WA USA: Association for the Advancement of Computing in Education (AACE). Online verfügbar: https:// www.learntechlib.org/primary/p/17397

Wipper, A. (2016). *Screencasts selbst erstellen. Ausstattung, Möglichkeiten und praktische Tipps*. Online verfügbar: http://elearning.zewk.tu-berlin.de/publikationen/screencasts.pdf

Zeaiter, S. & Handke, J. (2020). *Inverted Classroom – Past, Present & Future: Kompetenzorientiertes Lehren und Lernen im 21. Jahrhundert*. Marburg: Tectum Wissenschaftsverlag.

Zheng, B., Niiya, M. & Warschauer, M. (2015). Wikis and collaborative learning in higher education. *Technology, Pedagogy and Education, 24*, 1-18.

Katja Günther

Selbstcoaching in der Wissenschaft

Wie das Schreiben gelingt

utb S

2020. 138 Seiten • Kart. • 13,00 € (D) • 13,40 € (A)

ISBN 978-3-8252-5369-1 • eISBN 978-3-8385-5369-6

Dieses Selbstcoaching-Buch lädt Wissenschaftler*innen ein, ihr Arbeiten und Schreiben in der Wissenschaft neu zu gestalten. Sie entdecken die Bedingungen ihrer individuellen Schreibproduktivität, erhalten konkrete Tipps und überprüfen den eigenen Arbeitsalltag mithilfe von Coachingfragen. So gelingt es, im anforderungsreichen Forschungsalltag mehr an Lebensqualität und Freiräumen zu gewinnen: für ein gutes und produktives Schreibleben.

www.utb-shop.de